GEOFFREY GRIGSON
APHRODITE

GEOFFREY GRIGSON

# APHRODITE

Die Biographie

# INHALT

*Die Geburt
der Aphrodite* .............. 6
Die Herkunft der Aphrodite ...... 13
Das Ei und der Schaum .......... 25

*Die verwandelte Göttin* ..... 36
Paphos ........................ 36
Die Küste von Achni ............ 38
Kythera und die Akamas ........ 45

*Adonis und andere* ........... 52
Göttliche Eigenschaften ......... 52
Astarte und Baal ............... 55
Geburt und Tod des Adonis ...... 57
Die ersten Anemonen ........... 59
Die Gärten des Adonis .......... 62
Aphrodite, Hephaistos und Ares ... 64

*Die Begleiter* ............... 69
Eros .......................... 69
Hermes und Aphrodite .......... 76
Priapos ....................... 79

*Das Wesen
der Aphrodite* ............... 81
Homers Aphrodite .............. 81
Die Grazien ................... 90
Die Aphrodite der Dichter ....... 98
Aphrodite für Philosophen ...... 104
Lukrez ....................... 106
Sapphos Aphrodite ............ 111

## Die Mädchen im Tempel … 119
Hetären und Heilige Dirnen … 119
Von Sumer nach Korinth … 125
Korinth und Lokri … 129

## Aphrodite und das Meer … 133
Tempel an der Küste … 133
Der heilige Delphin … 139

## Aphrodites Tempel … 144
Zerstörung und Veränderung … 144
Die Wohnung der Göttin … 151

## Opfer … 154
Blut und Reinheit … 155
Weihrauch und Myrrhe … 163

## Aphrodites Standbilder … 165
Gedichte und Statuen … 165
Steinblock und Holzklotz … 168
Die verlorenen Originale … 170
Aphrodite im Meer und im Bad … 174
Die Delphin-Aphroditen … 181

## Aphrodites Attribute … 188
Ihre Tauben … 188
Ihre Rosen … 193
Ihre Myrten … 196
Lichtnelke, Lotos und Wasserminze … 198
Quitte und Granatapfel … 201
Aphrodites Vögel – und Ziegen … 205

## Lieben und Sterben … 208
Der Abendstern … 208
Aphrodite und die Unterwelt … 209

## Aphrodite wird Venus … 212
Venus, Venerem, Venia … 214
Das Weiterleben der Göttin … 218

## Bildnachweis … 229

# DIE GEBURT DER APHRODITE

Die Göttergestalten, diese Früchte unserer Sehnsüchte und Wünsche, unserer Nöte, unserer Verunsicherungen, Unzulänglichkeiten und Träume reiften nur langsam in unserer westlichen Welt. Und ebenso langsam starben sie. Häufig jedoch erwies sich ihr Tod als unvollkommen, denn es gab Eigenschaften, die auf eine neue Gottheit übergingen, eine neue Personifikation, die sich unter anderem Namen den Veränderungen und Wandlungen menschlichen Lebens anpaßten.

So mag die Aphrodite der Griechen, die Venus der Römer, gestorben sein, aber in unserer Gefühlswelt ist mehr von ihr lebendig geblieben als von allen anderen Gottheiten des Mittelmeerraumes. Als konischer Stein in diese Welt gekommen wie das Symbol der blinden, urwüchsigen Inbrunst, reifte sie zur ewig jungen, aber auch ewig erfahrenen und erfahrenden göttlichen Frau. Dargestellt als verkörperte Anmut, geliebt als Schutzpatronin der Jugend, wurde sie angerufen von Mädchen, die sich ihr verwandt fühlten und sie um Beistand baten, wenn es darum ging, weibliche Anziehungskraft einzusetzen, oder von jungen Männern, die sich wünschten, ein Mädchen ihrer Wahl sollte sie wie Aphrodite beglücken. Zur hinreißend schönen Menschengestalt herabgestiegen, teilte die Göttin in jener Zeit ihre Gunst zwischen Sterblichen, Halbgöttern und anderen Gottheiten.

*Die Geburt der Aphrodite*

7

Männer und Frauen verliehen den Bildwerken, in denen sie ihre Vorstellung von der Göttin ausdrückten, zärtliche und vornehme, aber niemals einfältige Züge. Sie war die Göttin des Mannes, der eine Frau sucht, der Frau, die einen Mann sucht, aber auch des Mannes oder der Frau, die einen ganz bestimmten Partner für sich wünschten. Man bat sie um Beistand, um eine Frau zu erobern, die man tags zuvor im Olivenhain gesehen hatte. Sie war aber auch die Göttin der Frauenliebe, etwa der Liebe zwischen Sappho und ihren Mädchen, oder der Liebe zwischen Männern. Und da käufliche Mädchen ebenso schön sein können wie züchtige Töchter, schloß die Schutzherrschaft dieser Liebesgöttin auch die Dirnen mit ein.

*Geburt der Venus. Gemälde von Alexandre Cabanel, 1865.*

Verfolgt man die griechischen Wörter, die sich von ihrem Namen herleiten, entdeckt man, daß *aphrodiastikos* wollüstig bedeutet, daß *aphrodiazein* soviel heißt wie kopulieren, daß *aphrodisia* Freudenhäuser waren und daß die Pächterin eines öffentlichen Bordells eine *aphrodiastes* war. Und bereits die ersten großen Hymnen, mit denen die griechische Poesie ihre Eigenschaften und ihren Ursprung besang, erinnern sich ihres mystischen Beinamens *Aphrodite Philomedes* – die Genitalienliebende – ein Attribut, das wir beim Betrachten der Venus von Sandro Botticelli oder eines nackten Mädchens von Amedeo Modigliani oft vergessen.

Als sich Clemens von Alexandria, einer der Kirchenväter, im zweiten Jahrhundert nach Christus bemühte, die Griechen zur Abkehr von ihren alten Göttern zu bewegen, hielt er diesen erotischen Beinamen für ein besonders treffendes Argument.

Er vertrat die Ansicht, Aphrodite sei aus dem Schaum geboren, den die *medea* von sich gaben, die »wollustigen Teile«, wie Clemens sie nannte, die Kronos seinem Vater Uranus mit einer Sichel abgeschnitten und ins Meer geworfen hatte. Für die Griechen lag in diesem Namen ein Wortspiel: Wenn ihre Göttin der Liebe, ihre Göttin aller sexuellen Gelüste zwischen Göttern, Menschen, Vögeln, Tieren und aller Kreatur, *Philomedes* war, dann war sie auch *Philomeides*, die Freundin jenes Lachens, das jenseits aller Schwierigkeiten und Ängste den Höhepunkt der Liebe bezeichnet. Da jene wechselseitige Erfüllung mit Worten und Bildern nicht zu beschreiben und in keinem unserer irdischen Ausdrucksmittel völlig dargestellt ist, gab es eine Göttin dafür. Aphrodite ist die Göttin des kurzen Moments, der den Sterblichen hinausträgt über das Leben, oder besser: der ihn das Leben in seiner ganzen Tiefe erfassen läßt.

*Schlafende Venus, von einem Satyr beobachtet. Gemälde von Correggio (Antonio Allegri), um 1520.*

Der Untergang einer solchen Gottheit ist schlechthin undenkbar. Alles, was ihre Eigenart ausmacht, bleibt erhalten, solange es das Männliche und das Weibliche gibt. Überall ist sie lebendig. Wir erblicken den Abendstern im Grün oder Gelb oder Tiefblau des Himmels nach Sonnenuntergang und erinnern uns, daß es ihr Planet ist, sie selbst. Tauben kommen im Frühling übers Mittelmeer nach Europa, paaren sich, lassen aus dem schützenden Dickicht des jungen Laubes ihr betörendes Gurren erklingen und erinnern uns damit, daß Tauben zu Aphrodite und Venus gehören.

Unzählige Male feierte sie in Gedichten und Bildwerken ihre Wiedergeburt. Im Florenz des fünfzehnten Jahrhunderts, das die Antike neu entdeckte und ihr in den Gedichten, Gemälden und Statuen der Renaissance künstlerische Auferstehung bescherte, wagt es ein noch sehr junger und außergewöhnlich gutaussehender Maler, Sandro Botticelli, seine Venus – mit welcher neoplatonisch-allegorischen Begründung auch immer – nackt und von Rosen umrankt in ihre Muschel zu stellen. Und er gibt ihrem Antlitz den unverwechselbaren Ausdruck sexueller Verzückung.

Nach der Renaissance verliert die Aphrodite für einige Zeit an Bedeutung, bis sie, ausgerechnet hinter dem Rücken der bourgeoisen Prüderie, im neunzehnten Jahrhundert in Frankreich ihre ganze Lebensfülle von neuem entfaltet. Im einundzwanzigsten Jahrhundert fleht man keine Götter mehr an; allenfalls erinnert man sich ihrer, denkt über sie nach, versucht sie zu analysieren. Aphrodite oder Venus wurde ausgegraben, dem Meer entrissen, in Museen verbannt. Es scheint, daß Rainer Maria Rilke der letzte große Poet war, der ein ebenso sinnliches wie bedeutungsvolles Gedicht über Aphrodite schrieb, ein Gedicht von Sturm, Geburt, Frühling, Lebe und Tod:

*Allegorie der Venus und der Zeit. Gemälde von Giovanni Battista Tiepolo, 1758.*

*So landete die Göttin.*
*Hinter ihr, die rasch dahinschritt durch die jungen Ufer,*
*erhoben sich den ganzen Vormittag*
*die Blumen und die Halme, warm, verwirrt,*
*wie aus Umarmung. Und sie ging und lief.*
*Am Mittag aber, in der schwersten Stunde,*
*hob sich das Meer noch einmal auf und warf*
*einen Delphin an jene selbe Stelle.*
*Tot, rot und offen.*

Aber Aphrodite selbst, unmittelbar? Die eigentliche Aphrodite, wie sie den Alltag der Griechen bestimmte, ihre Emotionen? Aphrodite mit ihren Delphinen, mit ihren Tauben? Wenn wir uns heute mit ihren verschiedenen Erscheinungsformen befassen, brauchen wir uns nicht mehr zu tarnen oder einen Vorwand zu suchen. Noch in jüngerer Zeit sahen sich Altertumsforscher und Archäologen gezwungen, über Aphrodite die Nase zu rümpfen und zu betonen, daß sie nicht griechischen Ursprungs sei, für Griechenland kaum Bedeutung gehabt habe und ihre verschiedenen Kulte rein metaphysisch aufgefaßt werden müßten. Aber das ist Vergangenheit. Heute wissen wir, daß die Griechen in ihren Ansichten über Sinnenlust und sexuelle Neigungen freizügig waren.

*Das Blut der Venus mischt sich mit dem ihren,*
*Der Kuß der Liebe ließ die ungeweckte Jungfrau*
*zur Lust erwachen, und morgen wird die Braut*
*nicht zaudern,*
*den wohlbewahrten Wachsstock zu entzünden.*

Zugegeben: Solche Verse sind Rückschau auf eine ungetrübte, unkomplizierte, unverfälschte Liebe aus halkyonischen Tagen, die es in solcher Vollkommenheit nie gegeben hat. Wir blicken zurück auf einen Traum, dessen innerster Kern aber warme Wirklichkeit ist.

# Die Herkunft der Aphrodite

Woher kam Aphrodite? Wo hat ihre Geburt stattgefunden? Das sind zwei verschiedene Fragen. Dem frühesten griechischen Aphrodite-Mythos gemäß, wie Hesiod ihn in den Hexametern seiner *Theogonia* darstellt, erwuchs sie aus dem göttlichen Schaum des von den abgetrennten Geschlechtsteilen des Uranus aufgepeitschten Ägäischen Meeres. Der geschwängerte Schaum trieb nach Kythera, einer Insel an der östlichsten Spitze des Peloponnes, und von Kythera quer übers Meer nach Zypern. Dort erwuchs Aphrodite, im Schoß des Meeres, zu voller Blüte und Schönheit, bis sich ihre eigentliche Geburt vollzog, als sie ihren Fuß an Land setzte.

Die zypriotische Überlieferung sagt, Aphrodite sei an der Südwestküste der Insel ans Ufer gekommen, an einer Stelle unweit ihrer Tempelstadt Paphos, wo die Gischt unter rosenfarbigen Felsen besonders geschmeidig und reichlich über den Strand fließt. Die Historiker glauben zu wissen, daß sie nach Zypern (vielleicht tatsächlich auf dem Umweg über Kythera) vom phönikischen Festland kam und daß ihre Abstammung auf die phönikischen Gottheiten zurückgeht, auf die Göttinnen des Himmels, der Liebe und der Fruchtbarkeit, auf die Mutter-Gottheiten der Assyrer, Babylonier und Sumerer.

Verfolgen wir Aphrodite also zunächst zurück zu den Anfängen. Beginnen wir mit den Figuren, die man *Venus der Frühgeschichte* und *Venus der Steinzeit* genannt hat.

Sämtliche Statuetten, die man in der Alten Welt, vom Atlantik bis nach Rußland, gefunden hat, sind Symbole göttlicher Fruchtbarkeit, Fortpflanzung und Schwangerschaft. Bei den nackten Frauenstatuetten, manche aus Mammutstoßzähnen gefertigt, manche aus Stein, Ton oder Lignit (Braunkohle), wurden zumeist die Brüste, der aufgetriebene Leib und die Hüften betont, manchmal die Geschlechtsteile. So wölben sich zum Beispiel Brüste, Bauch und Gesäßbacken der winzigen *Venus von Willendorf*, einer zehn Zentimeter hohen Figur, die man 1908 in Niederösterreich in einer Höhle unter Glazialschutt entdeckte, ähnlich überdimensional wie die Rundungen der *Venus von Lespuegue*, die im Musée de l'Homme in Paris steht und die man in der Haute-Garonne fand.

Es scheint, daß vor fünfundzwanzigtausend und mehr Jahren schwangere Göttinnen welcher Kulte auch immer dazu beitragen mußten, daß es in der Horde genügend Kinder und beim jagdbaren Wild, von dessen Vermehrung die Eiszeitmenschen abhängig waren, genügend Jungtiere gab. Mögen Überlieferung und Auswertung auch lückenhaft sein, so liegt doch die Annahme nahe, daß die Idee einer solchen mütterlichen Kraft nicht verlorenging. Sie wurde vielmehr den neuen Lebensbedingungen in den Ländern des Vorderen Orients, insbesondere der allmählichen Entwicklung der Landwirtschaft, der Aufzucht von Schlachttieren, der Fischzucht, dem Getreide- und Obstanbau angepaßt.

*Badende Aphrodite.*

*Die Geburt der Aphrodite*

Man darf mit Recht voraussetzen, daß die Göttinnen der Geburt, der Aufzucht von Kindern und der Fruchtbarkeit ihre Wohltaten ebenso über die Früchte des Feldes auszugießen bereit waren wie über Tiere und Menschen; daß ihre göttlichen Taten sich mehrten und verbreiteten; daß man ihnen in neuen Ländern neue Namen gab, ihre Eigenschaften anders verteilte, trennte, zusammenfügte, um sie zu neuen Persönlichkeiten zu machen. Als das Leben bewußter wurde und sich in verschiedene Arbeiten teilte, erlangte jeder einzelne, individuelle Prozeß, jedes Phänomen, jede eigenständig entwickelte Energie und Aktivität ihre eigene Göttergestalt, in der sich ihr Wesen ausdrückte.

Indem die Kulturen verfeinerte Formen fanden, verloren auch die weiblichen Gottheiten die Plumpheit einer *Venus von Willendorf* und näherten sich immer stärker der neuen Auffassung von Vollendung und Anmut. Dieser lange Entwicklungsweg verbindet also die letztlich nicht einmal so irrtümlich benannte *Venus der Steinzeit* mit den historisch überlieferten Göttinnen der Griechen und Römer.

Aphrodites Geschichte beginnt im Zweistromland bei den Sumerern und führt über die Babylonier, Assyrer und Phöniker in den Mittelmeerraum. Bis zu einem gewissen Grad ist sie die letzte, vollendete Verkörperung jener Sehnsüchte, welche die Sumerer vor fünftausend oder mehr Jahren in ihre Göttin Innana, Gefährtin des Hirtengottes Dumuzi, die Himmelskönigin und Göttin des Abend- und des Morgensterns, legten; eine grimmige Göttin zuweilen, vor allem aber eine Göttin des Bettes und der fruchtbaren Fülle, herrlich anzusehen in ihrem Schmuck aus Lapislazuli und ihren antimongelben Lidschatten. In den sumerischen Stadtstaaten und Tempeln residierte sie neben der nicht weniger verehrungswürdigen Mutter-Gottheit Ninhursag: jene als Schöpferin des Lebens, Innana als Göttin der Lebenserhaltung. In einer alten Hymne heißt es:

*Alle Lebewesen der Steppe,*
*alle vierfüßigen Tiere unter dem weiten Himmel,*
*Obstbäume und Gärten, Blumenbeete und grünen Gräser,*
*die Fische im Teich, die Vögel unter dem Himmel,*
*warten bei Nacht, wenn es still ist, ihrer Gebieterin auf,*
*alle Lebewesen und Menschen zuhauf*
*beugen vor ihr das Knie …*
*Meine Gebieterin sieht freundlich vom Himmel herab,*
*und alle streben der heiligen Innana entgegen.*

Von jener altehrwürdigen Innana mag die griechische Aphrodite ihre Tauben übernommen haben, und ganz gewiß ihre Tempeldienerinnen, mit denen die Menschen ihre Vereinigungs- und Fruchtbarkeitsriten vollzogen. Aus Innanas göttlichem Gatten Dumuzi aber wurde später Adonis, der unter den Hauern eines wilden Ebers sterben mußte.

Die Innana der Sumerer mußte im zweiten Jahrhundert v. Chr. der Ischtar der Babylonier und Assyrer weichen. Ischtar erscheint als Abendstern, der Mann und Weib ins Bett lockt, und als Morgenstern, der die Männer in die Schlacht führt. Sie ist eine kämpferische Gottheit, Beherrscherin der Waffen ebenso wie Göttin der Liebe. Aus Innanas Dumuzi wird Ischtars Tammuz. Auch Ischtar besitzt ihre Tempeldienerinnen, kastrierte Priester huldigen ihr.

Unter den westlichen Semiten, den Phönikern, die sich um 2000 v. Chr. an der Küste des östlichen Mittelmeeres ausbreiten, wird aus Ischtar schließlich Astarte.

*Das Bad der Venus. Gemälde von Charles H. Shannon, 1898-1904.*

Und von hier, von den Hängen des Libanons kam Aphrodite nach Zypern – zunächst noch unter dem Namen Astarte.

An der Ostspitze Zyperns kann man, dem Mittelmeerwind frei ausgesetzt, den Felsen erklimmen, der einst von einem Tempel Aphrodites gekrönt wurde, und am Horizont jenseits des Meeres jene Kette aus Kalksteinhügeln ausmachen, wo die Götter der Phöniker ihren Sitz hatten.

Die Bewohner jenes Landes, das die Griechen *Phoinike* (»Purpurland«) nannten, weil dort die Tyrus-Farbe hergestellt wurde, mit der die Gewänder aller Könige, Höflinge und Hofdamen im Mittelmeerraum gefärbt wurden, verlegten ihren Handel und ihre Siedlungen auch nach Zypern und an andere Küsten. Es scheint, daß Astarte in dieser oder jener Gestalt mit ihnen wanderte und daß sie auf Zypern, dieser an Blumen, Getreide und Kupfer reichen Insel, mit ihren Tempelmädchen eine

*Venus und Amor. Zeichnung von François Boucher (zugeschrieben).*

neue Heimat erhielt. Dort haben wohl auch die Griechen sie kennengelernt, die sie später übernahmen und ihrer eigenen Vorstellungswelt anpaßten.

Aber nach Griechenland brachten die Phöniker Astarte. Die Insel Kythera draußen am Peloponnes, wo Aphrodites ältester Tempel stand, mag ihnen als Fischerhafen gedient haben, wo sie die kleinen Mollusken fingen, aus denen auf sehr komplizierte Weise die berühmte rote Farbe hergestellt wurde.

Mit Gewißheit brachten die Phöniker mit ihren purpurroten und violetten Stoffballen Astarte oder Aphrodite nach Korinth, das später für seinen Aphrodite-Kult so berühmt wurde, und nach Athen. Die Griechen nannten die Mollusken wie ihre Farbe *porphura* (wovon sich unser Wort »Purpur« ableitet), und die Legende erzählt, ein König namens Porphurion, »König Purpur«, habe in Athen den Aphrodite-Kult eingeführt. Gemeinsam mit den kostbarsten und vornehmsten Stoffen der Antike hielt Astarte bzw. Aphrodite demnach einen würdigen Einzug in die Kultur der Griechen.

An der Küste Phönikiens reihten sich wie Perlen die Städte Astartes. Zypern am nächsten lag die Stadt Ugarit, die in der Bronzezeit Ras Schamra genannt wurde. Dort kannte man Astarte noch unter ihrem babylonischen Namen Ischtar. Weiter südlich huldigte man ihr in Byblos, Sidon und Tyrus, vor allem aber im Staat der Philister und in Askalori, ihrer Stadt. Die Bewohner von Philistäa oder Peleset (wie die Ägypter es nannten) sind von einem Rätsel umgeben. Sie verehrten die phönikischen Götter, aber sie waren keine Phöniker. Aphrodite trug bei ihnen den Namen Atargatis.

Nach dem, was Herodot im fünften Jahrhundert v. Chr. berichtet, waren die Zyprioten der Ansicht, ihre eigene Aphrodite sei ursprünglich jene Atargatis gewesen. In Askalon (wie auch in anderen Städten) gab man ihr die Gestalt einer Nixe, deren

*Astarte. Figur aus der frühen Bronzezeit, 1550–1200 v. Chr.*

Leib in einem Schuppenschwanz auslief. In Tempelbassins und Teichen wurden Fische gezogen, ihre heiligen Tiere. Wasser und Fische symbolisieren ihre göttliche Fruchtbarkeit.

Auch Atargatis hatte ihre Fruchtbarkeitsdienerinnen, ihre Priester und ihre Tempeltauben. Tauben bevölkerten alle Häuser und Straßen von Askalon, sie waren heilige Vögel, die man weder töten noch verzehren, ja nicht einmal anfassen durfte. Auch Delphine wurden mit Atargatis in Verbindung gebracht, als Sinnbild ihrer Macht über das Meer. Ihre Fähigkeit, den Schiffen glückliche Fahrt zu gewähren, war für die Seefahrer von Askalon, die den Ägyptern während der Regierungszeit Ramses III. (1198–1166 v. Chr.) so viel Unruhe brachten, von großer Bedeutung.

Das Volk der Seefahrer besaß oder eroberte auch Städte auf Zypern und scheint mit den mykenäischen Griechen freundlichen Umgang gehabt zu haben. Auf Zypern kommen dann auch die Seefahrer und die Mykenäer zusammen. Die Legende berichtet, daß Zypern nach Trojas Fall griechisch zu werden begann. Teucer, der große Bogenschütze der Griechen, soll einer der ersten Siedler gewesen sein. Als er aus Troja nach Salamis heimkehrte, wies sein Vater Telamon ihn ab; da segelte er mit seinen Männern zurück nach Osten und gründete an der Südküste von Zypern sein eigenes, neues Salamis. Agapenor, Sohn des Königs von Arkadien, der in den Bergen des Peloponnes hauste, errichtete am entgegengesetzten Ende der Insel nahe den Felsen, wo bei der Rückkehr aus Troja sein Schiff zu Bruch ging, seine Stadt Paphos.

Die archäologischen Fakten sprechen dafür, daß die Griechen, Achäer aus der Gegend von Mykene, Anfang des dreizehnten Jahrhunderts v. Chr. auf Zypern landeten und sich dort zunächst mit den zypriotischen Einwohnern, später mit den eindringenden Tjekkern und Pelestern vermischten und daß Zypern zwischen 1230 und 1190 v. Chr. vollständig hellenisiert wurde.

Damit kehrte die Entwicklung sich um. Griechen aus dem Westen kamen jetzt auf eine Insel, die seit tausend Jahren in enger Verbindung mit den Völkern im Osten gestanden hatte, die nur eine Schiffstagereise entfernt lagen, wenn Astarte-Atargatis günstigen Wind schickte.

Die Achäer verehrten ihre eigene Fruchtbarkeitsgöttin, der sie in kleinen gebrannten Tonfiguren Gestalt gaben, ausgestattet mit prallen Brüsten und Schamdreieck. Nun begegneten sie auf Zypern einer höheren Göttin der Trächtigkeit, der Liebe und des Meeres. Astarte oder Atargatis ergänzte, was bei ihnen unvollkommen war. Es scheint indessen, daß die Neuankömmlinge sie nicht unter dem Namen Astarte oder Atargatis kennenlernten, sondern als Aschtoreth.

*Aphrodite. Venus Anadyomene. Vatikan, Rom.*

*Geburt der Venus. Gemälde von Eugène Emmanuel Amaury-Duval, 1862.*

*Venus Anadyomene. Gemälde von Jean Auguste Dominique Ingres.*

Aschtoreth war ein Name, den die Griechen nicht aussprechen konnten. Bei ihren vergeblichen Versuchen verwandelten sie »Astharoth« oder »Aschtoreth« in »Attorethe« und »Aphthorethe«, um sich endlich auf »Aphrodite« zu einigen. (»Atargatis« verwandelten sie auf ähnliche Weise in »Derketo«.)

Weil die Griechen sie als die Göttin des Meeres, als die Göttin des lebensspendenden Wassers im Regen, in Quellen und Flüssen und als die Göttin der Liebe verehrten, erklärten sie sich die erste Silbe ihres falsch ausgesprochenen Namens als ihr eigenes Wort für »Schaum«: *aphros*.

Aphrodite, die schaumgeborene Göttin der Liebe. Aus dem mißverstandenen Namen und seiner reizenden volks-etymologischen Bedeutung wurde Legende. Damit sind wir wieder beim Mythos vom abgetrennten Glied des Uranus, das vor Zyperns Gestaden seinen fruchtbaren Schaum verbreitete, und bei der bewundernswerten Phantasie der Griechen, die aus der semitischen Fruchtbarkeitsgöttin die Liebesgöttin des westlichen Menschen, der westlichen Poesie, der westlichen Kunst machten.

# Das Ei und der Schaum

Daß Aphrodite aus dem Schaum erwuchs, war die vornehmliche, aber nicht die einzige Erklärung ihrer Geburt. Die Griechen fanden bereits in der Frühzeit einen anderen Weg, sie ihren eigenen Göttern standesgemäß beizuordnen, und der hatte

*Das Erwachen der Venus. Gemälde von Jean Leon Gerome, 19. Jahrhundert.*

mit dem Meer nichts zu tun. Sie stellten sich vor, daß sie der Vereinigung des Zeus mit der schattenhaften Göttin Dione entsprang. Lange bevor Hesiod seinen Stammbaum der Götter aufstellte, schrieb Homer, daß Aphrodite das Kind von Zeus und Dione sei (obwohl er sie in der *Ilias* bereits mit Zypern in Verbindung brachte und in der *Odyssee* mit Kythera).

*Die Geburt der Venus. Gemälde von Odilon Redon, 1905.*

*Die Geburt der Aphrodite*

Wenn die Annahme der Mythologieforschung stimmt, daß Dione eine Erdgöttin war, wäre Aphrodite damit ein Kind der Erde und des Himmels, der empfangenden Erde und des Blitze schleudernden, fruchtbaren, Regen spendenden Himmels.

Eine völlig andere Auslegung, die ihren Ursprung in Syrien haben muß, gibt der nachchristliche Hyginus. Er schreibt lateinisch, Hunderte von Jahren nach der Zeit Homers und Hesiods, im zweiten Jahrhundert n. Chr.: »Es wird erzählt, ein Ei von gewaltiger Größe sei vom Himmel in den Fluß Euphrat gefallen. Fische rollten es an Land, Tauben setzten sich darauf, wärmten es und brüteten Venus aus, die später als die Syrische Göttin bekannt wurde. Venus war von unerreichter Hoheit und Heiligkeit, und Jupiter gewährte den Fischen, sich zu den Sternen zu gesellen. Aus diesem Grund gelten den Syrern Fische und Tauben als heilig und dürfen nicht verzehrt werden.«

Offenbar wurde dies zuerst von Atargatis erzählt, nicht von der Atargatis von Askalon, sondern von derjenigen der großen Tempel in Hierapolis in Nordsyrien, nur wenige Meilen vom Euphrat entfernt. Atargatis wurde also von ihren heiligen Fischen aus dem Wasser des Lebens geholt und durch die Wärme und Fürsorge ihrer heiligen Tauben lebendig gemacht.

Die Aphrodite der Griechen verlangte nach einer phantasievolleren Geschichte. Deshalb verwandelte sich der schmale Lauf eines fremden Flusses in die breiten Meereswogen um Zypern. Um den Mythos, wie ihn Hesiod erzählt, besser verstehen zu können, stellen wir uns am besten einen Stammbaum vor. Nicht den gesamten Stammbaum des großen Göttergeschlechts mit allen jüngeren und niederen Göttern und deren Herkunft, sondern lediglich die Abstammung der Aphrodite und ihrer göttlichen Verwandtschaft, wie Hesiod sie darstellt.

Hesiod beginnt damit, daß Gaia, die Erde, sich mit ihrem Sohn und Gatten Uranus, dem Himmel, entzweite, wodurch die ewige Feindschaft zwischen der großbusi-

*Oben (von links nach rechts):*

*Aphrodite, Apollon, Hermes.*

*Unten: Ares, Eros.*

gen Mutter Erde und dem unnahbaren Vater Himmel entstand. Gaia hatte Uranus nicht nur die Titanen geboren und die einäugigen Zyklopen, sondern auch die drei Monster mit den hundert Armen, die schrecklichsten ihrer Kinder. Uranus verfluchte sie. Er stieß die hundertarmigen Monster eines nach dem anderen in die Erde zurück, die sich unter Schmerzen aufbäumte und Rache schwor für die schändliche Tat.

*Venus entsteigt den Wellen. Gemälde von François Boucher, 18. Jahrhundert.*

Als der Racheplan der Erde reif war, machte sie eine große Sichel mit Flintsteinzähnen und bat ihre Söhne um Hilfe. Kronos war der einzige, der keine Angst hatte. Gaia gab ihm die Sichel und hieß ihn, sich zu verstecken. Als es dunkel wurde, erschien der lüsterne Uranus und wollte sich wie gewöhnlich auf der Erde ausstrecken. Da bekam Kronos noch im rechten Augenblick seine Genitalien zu fassen und schnitt sie mit der Sichel ab. Die Blutstropfen, die aus Uranus' Wunde zur Erde fielen, schwängerten sie mit den Erinnyen, den Giganten und den Baumnymphen. Kronos warf die Genitalien seines Vaters hinter sich ins Meer, wo sie lange Zeit umhergetrieben wurden.

*Und ihr unsterbliches Fleisch*
*schlug um sich her einen weißen Schaum.*
*Aus ihm wuchs ein Mädchen,*
*das zuerst getrieben wurde zum hochheiligen Kythera*
*und von dort weiter nach der Insel Zypern im Meer,*
*wo sie als herrliche und allmächtige Göttin ans Ufer stieg,*
*daß das Gras unter ihren schlanken Füßen sproß.*
*Götter und Menschen gaben ihr den Namen Aphrodite,*
*weil sie aus Aphros, dem Schaum, erwuchs,*
*und Kytheraia, weil sie nach Kythera kam,*
*und Kyprogenes Philomedes, die Genitalienliebende,*
*weil Genitalien ihr Ursprung waren.*
*Eros war ihr Gefährte, und holdes Begehren*
*folgte ihr vom Augenblick ihrer Geburt*
*bis zu ihrer Vereinigung mit dem Göttergeschlecht.*
*Und von Anbeginn wurde sie geehrt*

## Die Geburt der Aphrodite

*und angenommen unter den unsterblichen Göttern*
*und Menschen*
*in den Gesprächen, die Mädchen miteinander führen,*
*im verführerischen Lächeln*
*in süßer Erfüllung*
*und Liebe und Zärtlichkeit.*

Nach Hesiods Auslegung wurde die neugeborene Aphrodite sogleich von Eros begleitet. Später machte man diesen geflügelten Eros zum Kind Aphrodites, er wurde zum mutwilligen Knaben verniedlicht, der seine fatalen Pfeile auf diesen oder jenen Busen abschoß. Für Hesiod aber geht er, als einer der alten Hauptgötter, Aphrodite voraus.

*Schlafende Venus. Gemälde von Dirk de Quade Ravesteyn, um 1608.*

Hesiods Bericht läßt auch ein Attribut vermissen, das allgemein bekannt ist: die Muschel. Nirgendwo ist davon die Rede, daß Aphrodite im Frühling, in einer halben Muschelschale auf den sanften Wogen der Ägäis und des Mittelmeeres trieb. Nach unserer Vorstellung wurde Aphrodite auf einer Muschelschale nach Zypern getragen. So kennen wir die *Geburt der Venus* von dem Bild Sandro Botticellis, eines der berühmtesten Gemälde der Welt. Natürlich hat nicht Botticelli diese Muschelschale erfunden. Etwa vier Jahrhunderte nach Hesiod fing man an, in der Kunst Aphrodite mit der Muschel in Verbindung zu bringen. Im zweiten Jahrhundert v. Chr. machte man kleine bemalte Figuren als Grabbeigaben- und als Opfergaben für die Altäre, die Aphrodite mit der

*Die Geburt der Venus. Gemälde von Sandro Botticelli, 1486.*

*Die Geburt der Aphrodite. Relief, Louvre, Paris.*

Muschel darstellen. Aber die Göttin schwimmt nicht darauf, sondern entsteigt dieser Muschel neu erschaffen und nackt, als sei sie darin gewachsen wie eine Perle.

Ich glaube nicht, daß diese spätere Vorstellung im Gegensatz zu der Geschichte Hesiods steht. Viel mehr scheinen die Muschel-Venus und die veränderte Auffassung von ihrer Geburt den Mythos zu korrigieren und zu erweitern, auf eine Weise, die eher der Betrachtungsweise der Phöniker, Philister oder Syrer von der Göttin Astarte entspricht. Vielleicht suchte man nach einer greifbareren, vernünftigeren Auslegung, einem festen Aufenthaltsort, einer Art Mutterleib im Meer. Warum sollte der Schaum, das Sperma, nicht in einem sanften Bett heranreifen, eingeschlossen und beschützt von zwei Muschelklappen? Nicht eine, sondern zwei Muschelschalen erscheinen bei vielen der kleinen Terrakotta-Figuren. Die Schalen öffnen sich und legen Aphrodite frei, die darin nicht steht, sondern kniet. *Kteis*, das griechische Wort für Muschel (wörtlich: Kamm, wegen der Wülste und Furchen, aus denen die Außenwand der Muschel besteht), stand auch für die Geschlechtsorgane der Frau. So reifte im Mutterleib des Meeres eine neue Göttin heran. Und wir stellen uns vor, daß die Muschel eben vom Meeresboden aufstieg, daß *Aphrodite Anadyomene* sich erhob und die Muschelhälften sich öffneten, um sie zu enthüllen. Zuweilen hält Aphrodite in ihrer Terrakotta-Muschel ein männliches Glied in ihrer Hand, was ihr Bild als Göttin der weiblichen *kteis* wie deren männlicher

Entsprechung vervollständigt; das Bild einer Göttin, welche ebenso die *Philomedes* war, die Genitalienliebende, wie die »Königin höchster sexueller Befriedigung.«.

Aphrodites Geburt aus einer *kteis* nähert sich auch jener anderen, meeresverbundenen Vorstellung vom Ei, das die Fische aus dem Euphrat ans Ufer rollten, und die Muschel als Mutterleib paßt gewiß zu einer Göttin des Wassers, der Fische, der heiligen Delphine und des glückvollen Reisens in Raum und Empfindung.

Diphilos, ein griechischer Schriftsteller aus dem vierten oder dritten Jahrhundert v. Chr., als die Muschelversion gerade erst aufkam, hielt es offenbar für eine Binsenwahrheit, daß Aphrodite aus einer Muschel geboren sei. In einer seiner Komödien, die Plautus latinisiert hat (sie sind sämtlich im Original verlorengegangen), sagt eine der Figuren, Venus werde sich der beiden Mädchen schon annehmen, die das Meer an ihren Tempel gespült habe. Denn da sie selbst, wie die Leute sagen, aus einer Muschel geboren wurde, werde sie zu den beiden »Muschel«-Mädchen schon nett sein. (*Concha*, das von Plautus gebrauchte Wort, hat im Lateinischen die gleiche Doppelbedeutung wie *kteis* im Griechischen: Muschel und Vulva). Es mag sein, daß Phöniker und Griechen noch eine weitere reizvolle Besonderheit der Muschel entdeckten, die gut zu Aphrodite paßt: Man öffne eine Jakobsmuschel, und man findet an ihrem Saum unter den kurzen weißen Fühlern eine Anzahl glitzernder Augen, bis zu dreißig an der Zahl. Sie bilden eine Art »Halsband der Aphrodite«. Vielleicht erklären diese winzigen Perlenaugen am Muschelsaum, weshalb die phönikische Vorläuferin der Aphrodite in einigen ihrer Kulte als Margarito bekannt war, als Herrin der Perlen. (Es ist sinnlos, auf dem Fischmarkt nach Jakobsmuscheln zu suchen, die ein solches Perlenaugen-Halsband enthalten – außer dem weißen und orangefarbenen Fleisch hat man mit Sicherheit alles entfernt.)

*Venus in der Grotte. Gemälde von Koloman Moser, 1913.*

# DIE VERWANDELTE GÖTTIN

## *Paphos*

In den Gedichten aller Jahrhunderte wird im Zusammenhang mit Aphrodite stets der Name Paphos genannt. Auf Zypern gibt es noch immer einen Hafen, eine Stadt und ein Dorf namens Paphos, die sich an die erdbebengeschüttelten Reste von Aphrodites berühmtesten und am längsten erhaltenen Heiligtum anlehnen.

»O Aphrodite von Paphos«, heißt es in vielen Gedichten, aber in Nea Paphos oder Kata Paphos, dem Hafen, wo Agapenor seine Stadt gründete und wo sich die Pilger der Alten Welt jedes Jahr versammelten, um die blumenbekränzte Prozession mitzumachen, gibt es keine Spur mehr von Aphrodite.

Zum dritten Paphos, Palia Paphos oder Konklia, fährt man noch zehn Meilen weiter über schattenlose Wege. Es liegt auf einer verbrannten, niedrigen Hügelspitze, wo der

*Paphos.*

Kalkstein an die Oberfläche kommt, davor dehnt sich eine alles andere als eindrucksvolle oder attraktive, langgezogene Küste. Ein weißes Dorf, zwischen dessen Mauern sich Kleinbusse ihren Weg durch Staub, Unkraut, Orangenschalen, Schokoladenpapier und Kalksteinbrocken bahnen. Hier wurde etwa 1200 v. Chr. der erste Tempel erbaut. Die Phöniker machten daraus im neunten Jahrhundert einen Astarte-Tempel, und als die Griechen zur Herrschaft gelangten, beanspruchten sie ihn für Aphrodite.

Noch im dritten Jahrhundert unserer Zeitrechnung, unter römischer Herrschaft, war Palea Paphos eine wohlhabende Stadt. Zu dieser Zeit hatte der Kirchenvater Clemens von Alexandria immer noch Anlaß, über die Griechen zu klagen, weil sie sich nicht schämten, weiter Aphrodite zu huldigen, deren Jünger ihr in Alt-Paphos Münzen schenkten wie einer Hure und dafür kleine Phallus-Symbole von ihr erhielten und Salzkuchen, die Aphrodites Geburt aus dem Meer symbolisierten.

## Die Küste von Achni

Was die Legende überliefert, wirkt häufig stärker als das, was die Archäologie ans Tageslicht fördert. Ein Besuch an Aphrodites felsigem Landeplatz mag uns enger mit der Göttin verbinden als das Stochern im Staub und Schutt von Alt-Paphos, das von Erdbeben, Alter und Antiquitätenwucher weitgehend zerstört wurde.

Für die Bewohner war es wohl selbstverständlich, daß Aphrodite möglichst nahe bei ihrem größten Heiligtum an Land kam. Im ersten Jahrhundert n. Chr. stellte der Geograph Pomponius Mela eine Übersichtskarte vom größten Teil der bekannten Welt zusammen, deren Herz das Mittelmeer war. Auf Zypern, so schrieb er, seien

*Die verwandelte Göttin*

nur noch wenige Städte übriggeblieben, deren wichtigste »Salamis, Paphos und Paleapaphos sind, von dem die Bewohner behaupten, daß Venus dort aus dem Meer gestiegen sei«.

Vielleicht behaupteten die Inselbewohner schon damals, was sie noch heute in ihren Reiseführern schreiben: daß Aphrodite an einer Küste namens Achni an Land kam, bei Petra tou Romiou, fünfeinhalb Meilen von Alt-Paphos entfernt, unterhalb der Straße, die von Paphos oder Klima ostwärts nach Kourion und weiter nach Limassol führt.

Als ich den Ort zum ersten Mal sah, dachte ich an Hesiod und an die Beschreibung von Aphrodites Landung im Fragment einer *Homerischen Hymne*. Aber die Sonne

*Felsen der Aphrodite auf Zypern.*

war verschleiert, und wenn dieses Stück Felslandschaft einst heilig und berückend gewesen sein sollte, so schien es jetzt völlig verwildert.

Petra tou Romiou erinnerte mehr an eine andere Legende: Ihr zufolge hatte Dighenis, der legendäre Held des mittelalterlichen Zypern, die enormen Felsbrocken gegen die Flotte der Sarazenen geschleudert, als sie ihn mit ihren »Romiou«-Rufen verspotteten. Dahinter gefurchte Kalksteinklippen, hoch genug, um die tausend Fuß hohen Hügel im Innern zu verbergen, grau, leblos, ohne jeglichen Zusammenhang mit der Liebe.

Die Landschaft bedurfte einer Veränderung, einer Offenbarung. Sie trat ein, als die Wolken die Sonne freigaben. Plötzlich wurden alle Farben lebendig: Die grauen, im Strand verwurzelten Felsen und die öden Klippen dahinter waren jetzt in Aphrodites Farbe getaucht, in leuchtendes Rosa. Auch das trübdunkle Blau des Meeres wurde zum Blau der Kacheln in persischen Tempeln.

Seltsam ist hier der Meeresschaum, der schimmernd ans Ufer treibt. Die rosa Felsen mit den schwarzen Stumpfen erheben sich mächtig aus dem Wasser, vom Persischblau getrennt durch einen weißleuchtenden Saum. Eine Woge des göttlichen Schaumes schwappt über einen Buckel der Steilküste, teilt sich, gleitet an der dunklen Sanddüne ab, um sich mit neuen Schaumwogen zu vereinigen. Eine Landschaft aus Rosa und Blau, ohne Rosen, vom ruhelosen Tosen des Meeres erfüllt. Dohlen, die einzigen Vögel weit und breit, scheinen daran zu gemahnen, daß Aphrodite ihre Verbindungen zur Unterwelt hatte. Keine weißen Möwen, keine Felsentauben kommen geflogen, um Aphrodite zu grüßen.

Die Vorstellung wäre verlockend, daß die Prozession nach Alt-Paphos und zum Tempel von dieser Achni-Küste ausging, nicht von Agapenors Kata Paphos, ein paar Meilen weiter westlich. Aber hier gab es nie einen Hafen oder eine Stadt. Gern würde man sich auch ausmalen, daß der Verfasser eines Liebesgedichtes aus dem zweiten Jahrhundert v. Chr. (entweder Poseidippos oder sein Freund Asklepiades) diese Küste vor Augen hatte, als er schrieb:

*Kypris von Paphos, Kleandros erblickte an deinem Gestade*
*Niko, wie sie des Meers blaues Gewoge durchschwamm.*
*Jäh erfaßte sein Herz die Flamme der Liebe; da zog er*
*von dem befeuchteten Kind trockene Kohlen sich zu.*
*Schiffbruch erlitt er zu Land; doch ihr,*
*die in Wogen sich wagt;*
*schenkte ein sicherer Strand treulich gelinden Empfang.*
*Nun aber bindet sie beide die gleiche Sehnsucht:*
*ihm wurde,*
*was er am Ufer um sie betend begehrte, erfüllt.*

Aber würde Aphrodite heute dem immerwährenden Schaum nackt entsteigen und das Ufer betreten, müßte sie ihre ersten Erdenminuten damit vergeuden, Teer von ihren zarten Gliedern zu schaben. Dasselbe gilt für jede moderne Nixe, die nach Achni und Petra tou Romiou kommt, um dort zu schwimmen.

Vergessen wir diese Segnungen unseres Industriezeitalters und beschäftigen wir uns noch einmal mit der Bedeutung der roten und weißen Farbe an Aphrodites Küste. Hier, auf dem harten Erdreich über Sand und Schotter, wächst eine reizende kleine weiße Blume namens »Stern von Bethlehem« (*Ornithogalum tenuifolium*, eine auf Zypern verbreitete Frühlingsblume). Die Zyprer behaupten, die weißen Blumen seien unter dem nackten Fuß der neugeborenen Aphrodite entsprossen.

Aphrodite betrat das Erdreich, und Blumen, Rosen wurden geboren. Die jungen Blumengöttinnen, die Horen, die »Stunden« und Göttinnen der Jahreszeiten, erwarteten sie im Westwind, um sie zu schmücken (eine von ihnen, die Frühlingsgöttin, begrüßt Aphrodite auf Botticellis Gemälde). Dann wurde Aphrodite von ihnen entführt, zu den höchsten Göttern, damit sie eine der zwölf olympischen Gottheiten werde.

Einige Zeilen aus den verlorenen *Kyprien*, die vielleicht im achten Jahrhundert v. Chr. von Stasinos verfaßt wurden, beschreibt die gestickten, nach Frühlingsblumen duftenden Kleider, die sie anlegte:

*Sie hüllte ihren Leib in Gewänder,*
*welche die Grazien und Horen für sie gefertigt*
*und in Blumenduft getaucht hatten …*
*Rittersporn, Krokus, Veilchen, betörend und fein,*
*nektarspendende Rosenblüten*
*ambrosiaschwellende Narzissenkelche und Lilien …*
*Jede Jahreszeit*
*verschwendete ihren Duft*
*über die Stoffe, die göttliche Aphrodite zu kleiden.*

Stasinos kam aus Zypern, und ein Zyprer kennt diese Blüten: Rittersporn auf den Feldern, purpurne, lila oder gelbe Krokusse, Bergveilchen, Rosen, die starkduftende Frühlingsblume *Narcissus tazetta* mit ihren gelben Kelchen, und als Lilie vielleicht die

*Venus und Cupido. Gemälde von Edouard Dubufe, 19. Jahrhundert.*

rosa Gladiole oder Schwertlilie (*Gladiolus triphyllus*), die tatsächlich im Frühling auf der Steilküste über Aphrodites Strand blüht.

In der bereits erwähnten *Homerischen Hymne* (die vielleicht ein griechischer Barde gesungen hat, um seinen Heldengesang einzuleiten) ist von Aphrodites Blumen wenig die Rede. Nur das Veilchen wird erwähnt. Dafür spricht der Verfasser um so mehr von den goldenen Geschmeiden, welche die Horen Aphrodite umlegten zum Zeichen, daß sie das Reich des empfindsamen Geistes wie das der Götter, der Menschen und aller Kreaturen beherrscht.

Wie verlief Aphrodites Reise zum luftigen Olymp? Kam sie in einer Muschel an Land oder benutzte sie ein anderes Gefährt? Nicht die Dichtung liefert uns dafür Anhaltspunkte, sondern Reliefs und Vasenmalereien. Manchmal ist vor den Wagen, in dem Aphrodite steht, ein Schwan gespannt (gelegentlich ist ein Schwan selbst ihr Gefährt: Aphrodite kutschiert zwischen seinen Flügeln und umklammert seinen Hals, aber eigentlich ist der Schwan der Vogel Apollons). Auf anderen Darstellungen steht sie in einer zweirädrigen Kutsche, begleitet von Zephyr, dem Westwind, und Iris, der Göttin des Regenbogens.

Iris ist eine Himmelbotin, aber außerdem war sie die Gemahlin des Westwinds. Es gibt Interpretationen, nach denen Iris und Zephir die Eltern von Eros sind, der bei Aphrodites Erscheinen auf Zypern anwesend war. Die jüngere Forschung hingegen hält Eros für Aphrodites Kind, das sie mit Ares zeugte, dem martialischen Kriegsgott. Auf einem griechischen Terrakotta-Relief hält Aphrodite die Zügel, während Zephyr und Iris die Kutsche ziehen. Zephyr trägt in seiner rechten Hand eine Taube, Iris ein Parfumgefäß aus Alabaster. Hinter Aphrodite steht Hermes, der Götterbote, mit Flügeln an Hut und Schuhen. Er hat einen Fuß auf den Wagen gestellt, als wolle er mitfahren und den Weg zum Olymp weisen.

*Die verwandelte Göttin*

45

# Kythera und die Akamas

Bereits in Homers *Odyssee* und der langen *Homerischen Hymne*, die von ihrer Liebe zu dem Sterblichen Anchises erzählt, wird Aphrodite, ebenso wie in Hesiods Götterkunde, *Kythereia* genannt, die Göttin der Insel Kythera. Viel gewinnen wir indes kaum, wenn wir auf dieser nicht besonders großen, bemerkenswerten oder schönen Insel zwischen Kreta und dem Peloponnes nach ihr suchen. Von dem Tempel, den sie dort besaß, behauptet Herodot, daß die Phöniker ihn gebaut hätten, und Pausanias fügt hinzu, er sei ihr wichtigstes und ältestes Heiligtum in Griechenland gewesen. Die Namen *Kythera*, *Kythereia*, *Cythera*, *Cytherea* und *cythereisch* durchziehen wie Flötenklang die griechische, lateinische und europäische Dichtung, doch Aphrodite wurde nicht auf Kythera wiederentdeckt. Die Vermutung, daß auf den Inselbergen ihr Tempel gestanden hat, wurde bislang nicht durch Ausgrabungen bestätigt. Einzige Zeugen sind ein paar kunstlose Säulen, die man im Mittelalter in den Bau der Kapelle des St. Kosmas einbezogen hat und die dafür sprechen, daß Aphrodite auf Kythera kein größeres Heiligtum besaß als »einen kleinen dorischen Bau aus dem späten sechsten Jahrhundert v. Chr.«.

*Akamas.*

Zypern (Kypris, Cypris, Cypria), diese andere, größere Insel bleibt Aphrodites Urheimat. Sie ist *Kyprogene*, die Zypern-Geborene, auch wenn sie später in sämtlichen Städten Griechenlands und in den griechischen Siedlungen im Ausland ihre Tempel erhielt.

Von ihrem Landeplatz, den Klippen von Achni, ist es nicht weit zu den Troodos-Bergen, dem Land der Anemonen und Alpenveilchen, oder nach Messaria, das im Frühling vom Rot des Klatschmohns und vom Gelb der Goldblumen widerscheint, die man sogar aus der Luft sieht. Zwischen Blumen gebettet, lag dort ein Heiligtum Aphrodites neben dem anderen: in Alt-Paphos, Idalion, Amathos, Tamassos, Soli, Kythera, Kourion, Golgoi, auf der felsigen Ostspitze Zyperns und auf dem blauen Gipfel des Olympos, des »brustförmigen Berges«, wie Strabo ihn nannte. Heute wird der Olympos »Berg des Kreuzes« genannt und anstelle des Tempels von einem Kloster gekrönt, dem die Hl. Helena das Kreuz des Schächers gab, der neben Christus gekreuzigt wurde, zusammen mit einem Stück des Wahren Kreuzes, das sie aus dem Heiligen Land über Zypern nach Byzanz brachte.

Griechischen oder zyprischen Legenden zufolge verlor Atlanta in Tamassos wegen Aphrodite und drei goldenen Äpfeln (oder Quitten) ihren Wettlauf mit Meilanion, den sie daraufhin heiraten mußte. In Idalion, wo einst die waldreichen Ebenen Zyperns lagen, verlor Aphrodite durch den wilden Eber ihren Adonis (dem wir noch ein eigenes Kapitel widmen werden). Die Bewohner der im sechzehnten Jahrhundert versunkenen Stadt Aphrodision beanspruchten übrigens für sich, Aphrodite sei bei ihnen geboren. Es scheint, als wäre bis zu ihnen nicht die Kunde gedrungen, daß Aphrodite im Südwesten Zyperns an Land gegangen war. In Kythera, wo eine starke und fruchtbare Quelle aus den Hügeln oberhalb des Dorfes entspringt, unter den Sprenkelschatten der Platanen neben einem Kaffeehaus entlang fließt und eine Schrotmühle in Gang setzt, will man wissen, daß dort Aphrodite aufgewachsen sei.

*Die verwandelte Göttin*

47

Wieder eine andere Insellegende sagt, Aphrodite habe nach ihren Liebesspielen in einer Quelle der Akamasberge gebadet, die am westlichen Ende Zyperns liegen und die Bucht von Khrysokhou überblicken. Diese Quelle wird unterschiedlich benannt: *Brusiston Eroton* (Liebesquelle, Amorquelle) oder *Loutratis Aphroditis*, das Bad der Aphrodite. Neben dieser Quelle soll Aphrodite mit dem griechischen Helden Akamas geschlafen haben. Der Athener Akamas war einer der Krieger im Trojanischen Pferd; nach dem Fall der Stadt Troja kam er nach Zypern.

Vor einigen Jahrzehnten noch mußte, wer das Bad der Aphrodite besuchen wollte, im Fischerdorf Lach ein Boot nehmen und den Wasserweg benutzen. Heute führt

*Bad der Aphrodite auf Zypern.*

eine Straße durch die grünsprießende Parklandschaft von Olivenbäumen gegen die Pfauenfarben des Meeres zu einem Bauernhof und dem Touristenpavillon, die dreihundert oder vierhundert Meter von der Quelle entfernt liegen. Das bedeutet: Autos, Fußspuren und Schmutz in der schmalen Felsspalte, wo unter Feigenbaumzweigen das Wasser herabströmt.

Dennoch ist es ein reizvoller Flecken, den man auf einem bequemen Weg zwischen rosa und weiß blühenden Zistrosen, hochstieligen Alpenveilchen, die aus Löchern im Kalksteingeröll aufsprießen, kleinen blauen Meerzwiebeln (Blaustern) und Schilfgras erreicht. Frauenhaarfarn fließt von den Felsen herab, jener Farn, dem man den lateinischen Namen *capillus veneris* (Venushaar) gab, womit Aphrodites Schamhaar gemeint sein kann oder ihr Kopfhaar, das sie, frisch aus dem Wasser geboren, auf so vielen ihrer Standbilder auswringt.

Weiter führt der Weg, sechs Meilen von der Grotte weg, um einen Berg herum, wieder durch einen Blütenteppich aus Alpenveilchen, Narzissen, Zistrosen und vielen anderen Blumen zu einem kleinen Brunnen, der versteckt zwischen einem niedrigen Pinienhain und dem Rand einer sichelförmigen blauen Bucht liegt und ebenfalls mit Aphrodites Abstammung in Verbindung gebracht wird. Ziegen, Schafe, Vögel und Menschen kamen zu diesem Brunnen. Wenn es in der Bucht auch keinen Schaum gibt, so ist sie doch von so vollkommener Farbe und Gestalt, daß man sich ausmalen kann, Aphrodite wäre hier im Frühlingssonnenschein auf ihre Insel gekommen.

Ein junger Dichter namens Ariost, der Anfang des sechzehnten Jahrhunderts in Ferrara lebte, wußte von der Quelle der Liebesfreuden und dem Bad Aphrodites. Zwei Stanzen seines *Orlando Furioso* hat er dieser Quelle gewidmet. Der Inhalt seiner

*Venus und Cupido. Gemälde von Giovanni Antonio Pellegrini, 18. Jahrhundert.*

Verse war vielleicht nicht einmal ganz frei erfunden; es könnte sein (wenn es darüber auch keinerlei Dokumente gibt), daß Ariost selbst zur »Isola sacra a Pamarosa Dea« gereist ist und, wie in seinem Gedicht, nach dem enttäuschenden Paphos das »Land voller Lieblichkeit und Freude« suchte, zu dem er die letzten Meilen im Boot zurücklegte. Die Quelle könnte durchaus der Ort sein, den er aufgesucht hat; denn seine Beschreibung stimmt mit der heutigen Topographie ungefähr überein.

*Sechs oder sieben Meilen vom Meer entfernt*
*steigt der liebliche Hügel allmählich an.*
*Die Gegend ist reich an Myrrhen,*
*Zedern, Orangenbäumen, Mahagoni*
*und tausenderlei anderen lieblichen Bäumen.*
*Aus dem duftenden Erdreich*
*sprießen Thymian, Majoran, Rosen und Lilien.*
*Und jeder Windhauch vom Land zum Meer*
*ist schwer von zauberhafter Süße.*
*Die klare Quelle schickt einen zweiten Bach*
*über die ganze Böschung hinab.*
*Der Ort, so voller Lieblichkeit und Freude*
*mag wohl der Venus Eigentum gewesen sein,*
*und Mädchen oder Frau, die zu ihr kommen,*
*schenkt Schönheit er vor allen anderen.*
*Denn Venus' Geist beflügelt alle, die in Liebe brennen,*
*die Jungen wie die Alten bis zu ihrer letzten Stunde.*

*Die verwandelte Göttin*

Heute wie damals lohnt sich die Reise zu der Grotte (und zum Brunnen) im Geist Aphrodites. Die Grotte, ein Castalianischer Quell *en miniature*, verheißt dem, der bis zu ihr vordringt, noch immer Liebe, Jugend, frische Kraft und Fruchtbarkeit – in einem dürren Land, einem dürren Leben, ist das wahrlich eine Verheißung.

*Kopf der Aphrodite.*

# ADONIS UND ANDERE

## *Göttliche Eigenschaften*

Die Griechen des ersten und zweiten Jahrtausends v. Chr. waren auf ständiger Wanderschaft. Dorische Invasionen drangen im zweiten Jahrtausend von Norden her vor und zerstörten die Zivilisation von Mykene. Ihr Einbruch trieb die ursprünglichen Einwohner übers Meer bis zu den Ägäischen Inseln, den Küstenländern von Kleinasien und Zypern. Die Einwanderer brachten eigene Götter mit und nahmen auch andere an, was sie ohne Vorbehalte tun konnten, denn unter den Heidengöttern gab es keine Eifersucht, keine abweisende Haltung und keinen Ausschließlichkeitsanspruch. So war die neugeborene Aphrodite eine unter vielen Gottheiten, welche die Griechen bei ihren Eroberungszügen und bei der Begegnung mit anderen Stämmen und Völkern kennenlernten und für sich akzeptierten. Die Einwanderer aus dem Norden zum Beispiel übernahmen Athene von den Mykenäern. Sie war ihre Festungsgöttin und Kriegsgöttin gewesen, und so wurde sie die griechische Göttin für Krieg und Weisheit. Nach der späteren Auslegung der Griechen war sie mit dem Speer in der Hand aus dem Kopf des Zeus, des Göttervaters, entsprungen.

Nicht einmal Apollon ist womöglich ursprünglich griechischer Herkunft. Sein Name jedenfalls ist nicht griechisch, und wie Aphrodite war er vielleicht ursprünglich eine orientalische Gottheit. Möglicherweise stammte er aus den Bergen von Lykien an der türkischen Küste, nicht weit von Zypern entfernt. Artemis, Apollons Zwillingsschwester, die Herrin der wilden Tiere, kam vielleicht aus Phrygien, dem Landesinnern der Türkei, dem Land der großen Mutter-Göttin Kybele, wo der Überlieferung nach die Flöte erfunden wurde und König Midas gelebt hat, unter dessen Berührung alles zu Gold wurde.

Daß Aphrodites Naturalisierung oder Domestizierung weniger vollständig scheint als die verschiedener anderer Gottheiten, die man den Bewohnern des luftigen Olymp zugesellte, ist unter anderem darauf zurückzuführen, daß sie ziemlich spät auftauchte. Die Griechen konnten ihre Beziehung zum Osten und zu Göttinnen, die von den Phönikern und Syrern angebetet wurden, nie ganz vergessen. Zudem lag das göttliche Zypern für die Griechen stets jenseits der alltäglichen Normalität. Es blieb, wie die Liebe, eine Insel der Sehnsucht.

Angenommen wurde Aphrodite mit Gewißheit; und zwar von einem Volk, das die Vorstellungen seiner Nachbarn nicht für Teufelswerk hielt, gleichzeitig aber fest überzeugt war, daß es alles Entliehene zu verbessern verstünde. Dabei allerdings mußten die ursprünglichen Eigenschaften der Göttin »zurechtgerückt« werden; von einer neueingeführten Gottheit wurde erwartet, daß sie etwas mitbrächte, was dem Olymp noch gefehlt hatte. Widersprüchliche oder disharmonische Beziehungen mußten ausgeglichen werden. Die Verbindungsstücke zwischen dem Neuen und dem Alten, zwischen griechischen und orientalischen Elementen aber blieben sichtbar.

Das wird am deutlichsten in der Geschichte von Aphrodites Geburt. Lediglich im fernen Dodona, im Nordwesten Griechenlands hinter den Pindosbergen, gab es einen primitiven Kult des Zeus, des Eichenbaums und der Dione, der von Asketenpriestern und Taubenpriesterinnen betrieben wurde und bei dem Aphrodite auf gut Glück als Tochter von Zeus und Dione in die Geschlechterfolge der Götter eingereiht wurde. Dione freilich war nie mehr als eine ungewisse Gefährtin des Göttervaters, die Vorgängerin Heras. Ansonsten war die Geschichte vom göttlichen Samen des Uranus, der im Schaum zu der jungen Göttin der Rosen und der Liebe heranreifte, so gut, daß eine Angleichung überflüssig war, und die ganze Poesie von Aphrodites Natur und Funktion paßte bestens dazu. Aber die Göttin behielt noch mehr Züge

*Die Geburt der Aphrodite. Relief des Ludovisischen Throns, Rom, ca. 460 v. Chr.*

ihrer östlichen Herkunft, zum Beispiel in dem Gemahl, den sie wählte, in ihrer Liaison mit Ares, dem rauhen Kriegsgott, und in ihren Liebesaffären mit dem Helden Anchises und dem schönen Adonis.

# Astarte und Baal

Befassen wir uns zunächst mit der Verbindung zwischen Aphrodite und Adonis, weil sie besonders eng mit Zypern und Aphrodites Herkunft verknüpft ist. Von den Höhen des Göttersitzes auf dem Berg Sapan, den man von der Ostspitze Zyperns aus eben noch sieht, müssen nämlich außer Aphrodite noch weitere Gottheiten der syrischen und phönikischen Stadtstaaten über das Meer gereist sein. Als herrschende Dreiheit östlicher Götter, die über den Wasserweg kamen, dachte man sich El, Hadad (oder Baal) und Astarte-Aphrodite, Aschtoreth-Aphrodite oder Atargatis-Aphrodite. El war der Schöpfer. Der noch junge und tatkräftige Hadad bzw. Baal nahm sich dieser Schöpfung an, und Astarte-Aphrodite pflanzte sein Schöpfungswerk fort.

Und so, wie Astarte sich aus der Ischtar von Babylon und Assyrien entwickelte, geht Hadad-Baal aus dem babylonischen und assyrischen Adad hervor, dem Gott von Donner, Blitz, Regen und Überfluß. Er war der »Wolkenreiter«, der den himmlischen Berg Sapan verhüllte. Wenn die Sturmwolken sich zusammenballten und grellflammende Blitze in die trockene Erde schlugen, war Baal, der »Herr«, am Werk, furchterregend und segenspendend zugleich. Für den verdorrten Boden des syrischen und phönikischen Küstenlandes brachte Baals Regen neues Leben und erquickte die Pflanzen.

Nebel und Tau waren die Töchter dieses Gottes, der die Stärke eines Bullen besaß, einen gehörnten Helm trug und in der einen Hand seinen Blitz hielt, in der anderen seine Keule. Nach dem Mythos wurde er vom Totengott Mot überwältigt, dem Gott der Dürrezeiten, der in diesen heißen Ländern des östlichen Mittelmeeres die Vegetation absterben läßt. Die Dürrezeit wäre zum ewigen Fluch geworden, hätte Baals Frau und Schwester Anat den Toten nicht in Mots unterirdischem Reich gefunden, hinaufgebracht und auf dem Berg Sapan begraben, wo sie ihn nach einer Weile wiedererweckte. – Es ist die Geschichte von Tod und Wiederkehr des sumerischen Dumuzi und des babylonischen und assyrischen Tammuz!

Auf Zypern fand man Baal-Plastiken aus Terrakotta und Bronze. Man erinnere sich jedoch an den Stammbaum des Göttergeschlechts und daran, wie sich die Griechen die Situation auf dem Olymp vorstellten. Zeus und die übrigen Gottheiten waren schon fest etabliert. Es war zwar wünschenswert, die neue Göttin im Pantheon zu haben, wo sie die Aufgaben einer Liebesgöttin wahrnehmen sollte, die keine andere Himmelsgöttin bislang erfüllte. Aber sie konnte nicht mit Zeus auf dem Olymp herrschen wie mit Baal auf dem Berg Sapan. Herrscherin war längst die große Hera, die Schwester und Gemahlin von Zeus. Auch Athene und Artemis, die von Aphrodites Macht, Götter wie Menschen zu entflammen, stets unberührt blieben, standen höher im Rang als die zyprische Göttin.

*Venus und Adonis. Gemälde von Tiziano Vecellio.*

Für Baal-Hadad, den Donnergott vom Berg Sapan, war auf dem Olymp kein Platz. Aber er verschwand nicht gänzlich. In der griechischen Mythologie überlebte er als Aphrodites Adonis, herabgesetzt, verändert, halbgöttlich, nicht mehr unsterblich. Für die Griechen war Adonis alles, was von dem phönikischen Gott Baal übrigblieb, dessen Beiname »Adon« (Herr) war.

# Geburt und Tod des Adonis

Was immer mit »Adon« auf Zypern geschah, die griechische Mythologie zollt ihm in vielerlei Varianten Tribut. Weil Paphos das Zentrum des Aphrodite-Kults war, hielten die Griechen ihn für einen in Blutschande gezeugten Sohn des Kinyras, des Königs von Paphos. Der Inzest war die Schuld von Myrra oder Smyrna, die ihren Vater liebte. Ihre Amme soll ihr dazu verholfen haben, zwölf Nächte hintereinander unerkannt ihrem Vater Kinyras beizuwohnen. Als Kinyras entdeckte, daß er sich mit seinem eigenen Kind vereinigt hatte, verfolgte er sie mit seinem Schwert. Da rief Myrra die Götter an und bat, sie unsichtbar zu machen, und ehe Kinyras sie einholen konnte, verwandelten die Götter sie in einen Baum, der daher den Namen *murra*, *smurna* oder *Myrrhe* trägt.

*Venus und Adonis. Gemälde von Paolo Veronese.*

Durch diesen Zauber übertrug sich ihre Schwangerschaft auf den Baum. Zehn Monate später brach er auf (ein Baum braucht einen Monat länger!) und gebar den kleinen Adonis. Das aus dem Baum geborene Knäblein war so schön, daß Aphrodite beschloß, es zu retten. Sie verbarg Adonis in ihrer Truhe und gab sie Persephone, der Göttin der Unterwelt. Diese öffnete die Truhe, sah das Baby und weigerte sich, es zurückzugeben.

*Venus und Adonis. Gemälde von Hendrick Goltzius, 1614.*

*Adonis und andere*

Aphrodite rief die Götter an. Zeus entschied, Adonis sollte die Hälfte des Jahres mit Persephone in der Unterwelt verbringen, die andere Hälfte mit Aphrodite im Sonnenlicht. Er wuchs in Paphos zu einem Jüngling heran, dessen Schönheit der des Knaben nicht nachstand. Aphrodite liebte ihn bis zum Wahnsinn und fürchtete, er könnte getötet oder verletzt werden, wenn er in den Wäldern Zyperns auf Jagd ging. Adonis aber hörte nicht auf ihre Warnung und jagte Wildschweine, bis eines Tages ein Eber aus dem Dickicht hervorbrach und seine Hauer in sein weißes Fleisch stieß. (Es wird behauptet, der Eber wäre Ares, gewesen, den Aphrodites Liebe zu Adonis eifersüchtig gemacht hatte.) Aphrodite in ihrem von Vögeln gezogenen Gefährt hörte Adonis' Stöhnen, kam herab und fand ihn »wie tot auf dem gelben Staub hingestreckt« in einer Blutlache.

# Die ersten Anemonen

Um die Schicksalsgötter soweit wie möglich um ihren Sieg zu betrügen, beschloß Aphrodite sogleich, Adonis ein ewiges Andenken zu schaffen, indem sie sein Blut in eine Blume verwandelte, wie Ovid in seinen *Metamorphosen* beschreibt:

*Von meinem Leid, Adonis, soll Erinnerung*

*bleiben, solange die Welt steht: Ein lebendiges Abbild*

*soll von meinem schweren Kummer und deinem Tod zeugen.*

*Einer Blume will ich dein Blut weihen ...*

*Als sie dieses gesagt hatte, sprenkelte sie Nektar über das Blut,*

*das aufquoll wie Blasen im Wasser. Und noch ehe eine ganze Stunde um war, fand sie eine Blume von der Farbe des Blutes.*

Das war die Geburt der Anemonen *(Anemona coronari)*, die im Vorfrühling die Hügel Zyperns, Griechenlands und des Libanon schmücken. Nichts kann strahlender Zeugnis dafür ablegen, daß Aphrodite und Adonis die vereinte Macht des Frühlings und der Erneuerung sind, als ein leuchtendes Anemonenbüschel, das im Februar oder März im düsteren Braun vernachlässigter Felder oder Olivenhaine an den flachen Abhängen der Kyreniaberge aufblüht, wenn der Wind die Pinienkronen bewegt und über dem Persischblau des Mittelmeers zwischen Zypern und den schneebedeckten Gipfeln Anatoliens hin und her fliegt. Die Anemonen haben auch das mythologi-

*Die Erweckung des Adonis. Gemälde von John William Waterhouse, 1899.*

sche Gespür, in Idalion ungefähr an der Stelle zu wachsen, wo Adonis dem Eber zum Opfer fiel. Auf einer Plattform am Kopf eines terrassenförmig ausgebauten Hügels stand Aphrodites Tempel, als Idalion eine graeco-phönikische Stadt war. Auf den Hängen kommen die Anemonen (die Ur-Anemonen könnte man sagen) heraus, wenn die rosa Blüten der wenigen verstreuten Mandelbäume unterhalb der Tempelplattform verwelken.

Die Deutung des Namens »Anemone« oder Buschwindröschen als einer »Blume, die vom Wind bewegt wird« ist übrigens vulgär-etymologisch. Ähnlich wie beim Namen Aphrodites wurde ein mißverstandenes Lehnwort später »griechisch« interpretiert. So wie sich Aphrodite nicht von *aphros* (Schaum), sondern von *oreth* ableitet, kommt Anemone nicht von *anemos* (Wind), sondern vom semitischen *na'amon*, was »eine, die schön ist« bedeutet.

Meine Darstellung hört sich an, als hätten die Anemonen des Adonis stets blutfarbene Blüten. In Wirklichkeit variieren die Farben. Man findet in Zypern wie im Libanon auf einem einzigen Feld, in einem einzigen Büschel rote, weiße, rosa, blaue, purpur- und lavendelfarbene Anemonen. Auch das mag ein Grund dafür sein, daß die Geschichten über Adonis, Aphrodite und die Anemonen so vielfältig sind.

# Die Gärten des Adonis

Diese Darstellung von Geburt und Tod des Adonis entspricht dem Fortpflanzungsmythos von Baal oder Hadad, der erschlagen wurde und mit den Wassern des Lebens wiederauferstand. Adonis jedoch, der Titel und Attribute eines Gottes trug wie einen angestammten Namen, wurde von den Griechen nicht verehrt. Für sie war er ein Halbgott, der zum Kreis der großen Aphrodite gehörte und mit den blutroten Anemonen ein Denkmal erhielt. Es gab keinen verbreiteten und geregelten Kult des Adonis; für die Griechen besaß er nur noch Spuren seiner alten, fremden Götterart, der sie in ihren Mythen oder in ihren jährlichen Adonia-Riten Respekt erwiesen.

Diese Feiern waren ursprünglich phönikisches Brauchtum, das vielleicht aus der Nachbarschaft von Byblos, im heutigen Libanon stammte, wo Adon, der Herr, gemeinsam mit Astarte verehrt worden war. Lukian besuchte Byblos im zweiten Jahrhundert n. Chr. Er sah dort in den Tempeln der Aphrodite die Adonia-Zeremonien und übernahm die dortige Auffassung, nach der Adonis vom Rachen des »Adonis-Flusses« verschlungen wurde, der sich jedes Jahr »von seinem Blut rot färbte«, wenn der Regen kam und die farbige Erde in den Fluß spülte. (Byblos ist das moderne Jbail, nördlich von Beirut, und der Fluß ist der

*Venus und Adonis. Gemälde von Peter Paul Rubens.*

Nahr Ibrahim, der bei dem Dorf Afqa aus einer Höhle gegenüber einem Astarte-Heiligtum fließt, das später der Aphrodite geweiht wurde.)

In Athen wie in Byblos wurden die Adonia mit lautem Wehklagen empfangen, und die Athener errichteten vor ihren Häusern kleine »Adonisgärten«, alte Schalen oder zerbrochene Krüge, gefüllt mit Lattichblättern, Dill, Fenchel und anderen Pflanzen. Am ersten Tag der Adonia wurden sie bewässert, damit sie frisch und grün blieben (in Athen wurden die Adoniafeiern im April abgehalten). Am zweiten Tag gab man den »Gärten« kein Wasser mehr; alsbald fielen die Blätter im heißen Sonnenschein in sich zusammen, und die »Gärten« wurden in die Quellen und Flüsse geworfen.

Solche rituellen Gärten, die Wiederkehr und Tod des Adonis symbolisieren, werden schon im achten Jahrhundert v. Chr. von dem hebräischen Propheten Jesaja erwähnt. Er berichtet, wie die Israeliten dem Jahwe-Kult entsagten und sich der phönikischen Naturreligion zuwandten.

*Venus und Adonis.*
*Gemälde von Pierre Paul Prud'hon.*

# Aphrodite, Hephaistos und Ares

Mit der Verwandlung Baals in Adonis verlor Aphrodite ihren göttlichen Gefährten. In ihrer neuen religiösen Umgebung brauchte sie einen neuen Gemahl, und das war Hephaistos, selbst eine neugeschaffene Gottheit auf Brautschau. Er fand seine Bestimmung als Gott der neuen Eisenzeit (das Eisen wurde im dreizehnten Jahrhundert

*Vulkan überrascht Mars und Venus. Gemälde von Tintoretto (Jacopo Robusti), um 1552.*

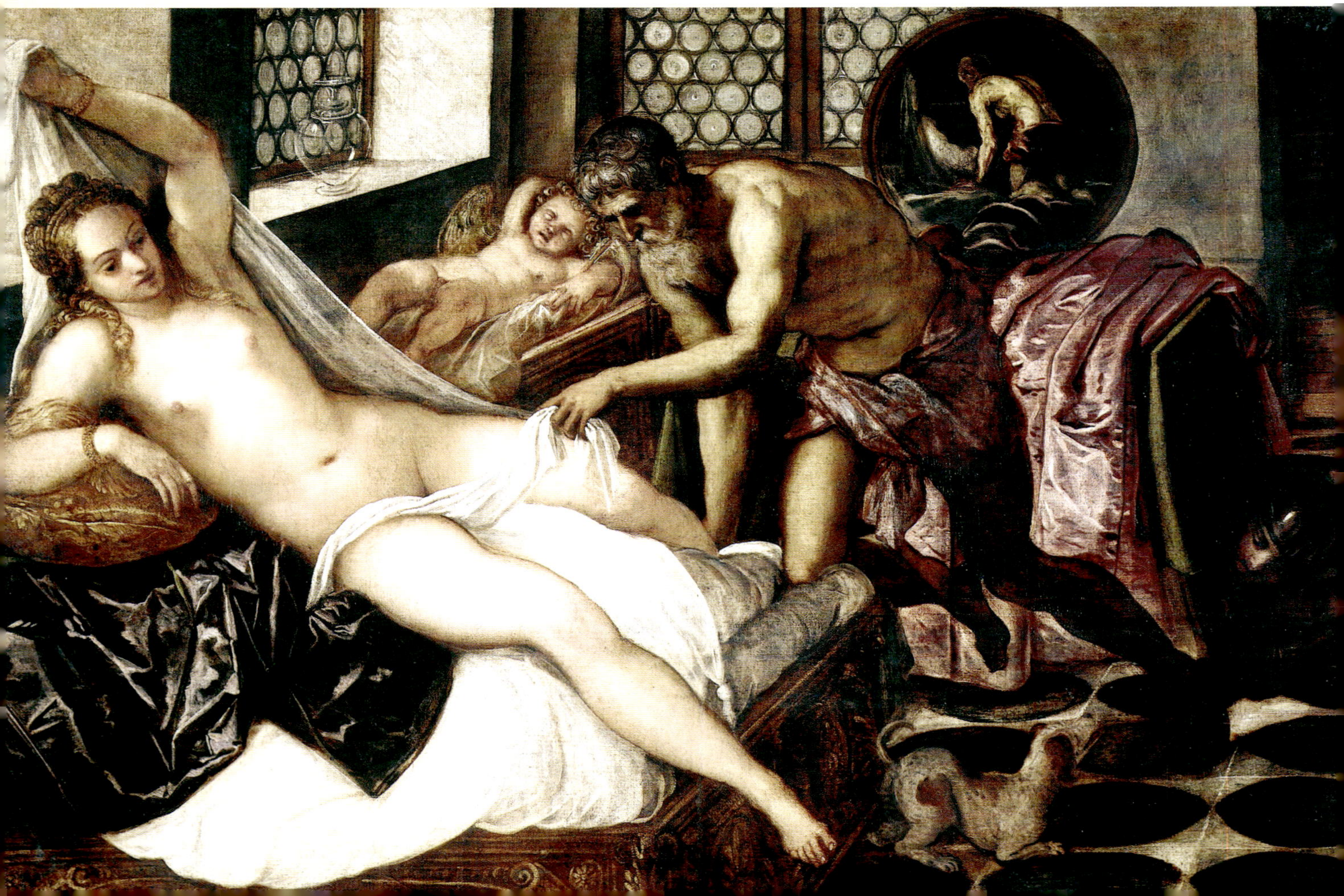

v. Chr. von den Hethitern eingeführt), als schmiedender Gott des Metalls. Auch ihn übernahmen die Griechen aus der asiatischen Welt, machten ihn aber zum Sohn von Hera und Zeus – eine würdige Herkunft für diesen Waffenschmied, der auch die Donnerkeile seines Vaters herstellen mußte.

Sein Name ist, wie der Aphrodites, nicht griechisch. Und wie möglicherweise Apollon, kam auch Hephaistos aus Lykien. Sein Geburtsberg erhebt sich nordwestlich von Aphrodites Insel, knapp hundertfünfzig Meilen entfernt über dem heutigen Golf von Antalya. Dort begann seine göttliche Existenz als Feuergottheit, in einer Gegend, wo aus den Felsen natürliches Gas kommt, nämlich im Bergland des Khimaira oder Chimaera, des feuerspeienden Monsters (es sind die Flammen des entzündeten Gases), das in seinem Leib Löwe, Ziege und Drachen vereinigt.

*Venus und Vulkan. Gemälde aus der Werkstatt des Giulio Romano, um 1530.*

Sein Kult setzte sich über alle vulkanischen Gebiete fort, von Lykien nach Lemnos, von Lemnos zu den Lipari-Inseln, den Hephaistiaden. Dort ist er als der Gott Vulcanus bekannt, der in seiner unterirdischen Schmiede hämmert, den einäugigen, scheußlichen Zyklopen als Gehilfen. Homer erzählt in der *Ilias*, Zeus habe den Schmied vom Himmel gestürzt, weil er zwischen seinem Vater Zeus und seiner Mutter Hera einen Streit entfacht habe. Einen ganzen Tag lang sei Hephaistos gefallen und endlich auf Lemnos gelandet, einer Insel, deren Zivilisation noch vor der Ankunft der Griechen liegt und wo heiße Quellen noch immer von ehemals vulkanischer Tätigkeit zeugen.

Hephaistos fertigte in seiner Schmiede nicht nur Donnerkeile für Zeus, sondern Speere, Pfeile, Waffen, Halsbänder und verschiedene Gebrauchsartikel für seine göttliche Kundschaft. Er lebte in einem Bronzepalast und ließ sich von künstlichen Mägden bedienen, die er aus Gold geformt hat. Eines seiner Meisterwerke war der bronzene Gigant Talos, der Kreta bewachte, indem er dreimal am Tag die große Insel des Königs Minos abging, Fremdlinge, die an Land kamen, fing und so fest umklammerte und an seinen sich glühend aufladenden Körper drückte, bis sie bei lebendigem Leibe verkohlten.

Hephaistos war ein begabter und nützlicher Gott, aber ein scheußlicher Gefährte für die heitere Aphrodite. Der Sturz aus dem Himmel, auf Lemnos, hatte ihn gelähmt, er war stiernackig, behaart, rußig und obendrein noch ein Clown. Wenn er auf dem Olymp mit seinem doppelgriffigen Nektarbecher von Gott zu Gott hinkte, fanden die Götter ihn unwiderstehlich komisch, berichtet Homer.

Hephaistos und Aphrodite hatten keine Kinder, und sie betrog ihn unablässig, vor allem mit Ares, dem gedankenlosen Gott der Zerstörung und kriegerischen Gewalttätigkeit. Da machte Hephaistos ein Metallnetz aus feinsten unsichtbaren Maschen und warf es über Ares und Aphrodite, als sie beieinander lagen. Sie konnten nicht entkommen, und er gab sie der Heiterkeit sämtlicher Götter preis.

*Tempel des Hephaistos in Athen.*

*Mars und Venus beobachtet von Vulcanus. Gemälde von Luca Giordano.*

Hephaistos soll zu der Zeit, als ihn Aphrodite so kurz hielt, Besuch von einer anderen Himmelskönigin erhalten haben, Athene, die neue Waffen brauchte. Er bedrängte sie, versuchte sie zu vergewaltigen und ergoß seinen Samen über ihr Bein. Die jungfräuliche Göttin, für alle Zeiten gefeit gegen die Liebe, wischte den Samen angewidert mit einem Stück Stoff ab; der Fetzen fiel, und aus dem Sperma wurde Erichthonios geboren, der später König von Athen wurde. Die Geschichte erinnert an Aphrodites Entstehung, macht aber auch deutlich, daß Hephaistos, dieser fremde Gatte einer fremden Göttin, ebensowenig »dazugehörte« wie sie selbst.

Aphrodite und Hephaistos, Aphrodite und Ares waren zwei gegensätzliche und zwei sich ergänzende Paare. Auch Ares war nicht eindeutig griechischer Abstammung. Aphrodites Verbindung mit diesem göttlichen Wilden spricht einmal mehr für ihren außerhellenischen Ursprung und für die Zugeständnisse, deren es bedurfte, um sie auf dem Olymp einzuführen. Schön wie sie selbst, vereinigten ihre Vorgängerinnen Astarte, Ischtar und Innana allesamt in sich Liebe und Krieg, Fruchtbarkeit und Zerstörung, waren sie allesamt schrecklich in ihren Waffen. Zwar war Astartes Vogel die sanfte Taube, die um ihre Tempel flatterte und gurrte, aber die Göttin konnte auch mit der Axt umgehen, den Speer werfen und für ihre Phöniker den Wagen lenken.

Die Griechen hatten bereits Athene zur Göttin ihrer Könige gemacht – die bewaffnete Athene mit ihrem Speer, die bewaffnete Athene, die den Kriegswagen erfand (wie die Griechen behaupten), die Göttin der Zitadelle, die zu verteidigen und Angriffe abzuwehren verstand. Sie brauchten keine Göttin, die mit Athene konkurrierte oder ihre Rolle imitierte, und so verlor Aphrodite diese Eigenschaften fast überall, wo man sie in Griechenland verehrte. Im Tempel von Kythera allerdings, wo ihre Verehrung in Griechenland eingeführt wurde, zeigt ihr hölzernes Abbild sie als Göttin in Waffen. Und für die strengen Spartaner blieb sie stets die kriegerische Aphrodite, ebenso wie für einige Städte an der asiatischen Küste. Allgemein aber wurde ihre kriegerische Natur einfach dem Seitensprung mit Ares zugeschrieben.

Er war ein Gott, den die Griechen wenig respektierten. Da sie mit einem waffenklirrenden Prahlhans grundsätzlich nicht viel anfangen konnten, war er für sie vor allem eine Gestalt, vor der sich ihre angenommene Liebesgöttin vorteilhaft abhob. Eine der Töchter von Ares und Aphrodite war Harmonia, ein Produkt der Gegensätze. Lukrez stellte es später so dar, daß Venus den Kriegsgott mit ihrem heiligen Körper umfing und ihm Ruhe spendete.

# DIE BEGLEITER

## *Eros*

Es gibt eine Parallele zur Romanze mit dem schönen Adonis. Auf dem Berg Ida verliebte sich Aphrodite in den Schäfer Anchises und wurde als Folge davon die Mutter von Aeneas. Aber ich will mir Aphrodite und Anchises, ebenso wie Aphrodites Anteil an der Gründung Roms aufheben, bis ich zu der römischen Umwandlung von Aphrodite in Venus komme. Im Augenblick sei nur daran erinnert, daß der Berg Ida – jene anatolische Bergregion voller Mythen und Legenden, die sich südöstlich von Troja, erhebt (vom Ida aus verfolgten die Götter den Trojanischen Krieg) – Schwerpunkt des Kybele-Kults war, daß hier die große bisexuelle Mutter-Göttin der Phryger verehrt wurde, die nicht nur Kybele, sondern auch Agdistis genannt wurde, woraus sich vielleicht der Name Anchises herleitet. Die Liaison zwischen Anchises und Aphrodite wäre demnach die verharmloste griechische Variante eines kleinasiatischen Mythos, der Aphrodite mit der bisexuellen Gottheit Kybele verknüpft.

Als sie zu einer der zwölf olympischen Gottheiten wurde, mußte Aphrodite in ihrer Haupteigenschaft als Liebesgöttin mehreren älteren Gottheiten angepaßt werden, die bereits in ihrem Bereich tätig waren. Der erste dieser unkomplizierten Vertreter der Liebe und des Fortpflanzungstriebs war Eros. Er war alles andere als der kleine Cupido, der später aus ihm werden sollte, sondern die Liebe selbst – eine berühmte Gottheit, eine fundamentale Lebenskraft. Er war jung und schön, und weil er stets in eiligen Herzensangelegenheiten unterwegs war, trug er Flügel. Aufgrund seiner späteren Verbindung mit Aphrodite wurde er oft mit einer Rose in der Hand dargestellt.

Auf der Stammtafel der Götter findet man ihn als ursprüngliche Gottheit, die vor dem allmächtigen Zeus und den Geschwistern und Kindern von Zeus und sogar vor Kronos und Thea, den Eltern von Zeus, existierte. Kurz, Eros war so alt wie Gaia, die Erde, und war wie sie dem Chaos entsprungen. Er war der Gott, ohne den es kein Leben gegeben hätte und keine Fortpflanzung. Hesiod schreibt:

*Als erster vor allen andern war Chaos,*
*aber als nächste die weitbrüstige Erde,*
*der unerschütterliche Grund allen Seins,*
*und tief in der verästelten Erde der finstere*
*      Tartaros*
*und Eros, der schönste unter den*
*      unsterblichen Göttern,*
*der die Glieder löst und Geist und Sinn*
*aller Götter und Menschen bezwingt.*

*Venus tröstet Amor. Gemälde von François Boucher, 18. Jahrhundert.*

In der Frühzeit waren Eros und Aphrodite für die Menschheit als Mittler der Liebe etwa gleichgestellt, wenngleich Aphrodites Macht und Einfluß mehr galten. Hesiod sagt, daß Eros Aphrodite begleitet habe, als sie aus dem Meer stieg und Teil der Göttergemeinschaft wurde. Aber sie blieben getrennt, und Eros, obwohl immer noch fast unabhängig, kam nur gelegentlich dazu, als Aphrodites Agent zu fungieren – etwa bei den Präliminarien der Liebe –, indem er

*Venus und Amor. Aquarell von Albin Egger-Lienz.*

ein Opfer spielerisch in Aphrodites unentrinnbares Netz trieb. Manchmal ist Eros ein Gott, manchmal nur eine Allegorie für die Liebe. Die Dichter des sechsten Jahrhunderts sprechen ihn mehr als Gott an. Sappho (die mehr zur Liebe zwischen Frauen neigte) wiederholt Hesiods Worte und sagt, Eros löse die Glieder. Eros erregt und schwächt uns, denn er ist nicht nur ein Gott, sondern auch die unentrinnbare Bestie, die Naturgewalt, süß und bitter zugleich:

*Nur hat Eros die Sinne erschüttert,*
*wie vom Gebirge der Wind auf die Eichen niederstürzt.*

In der Hochklassik des fünften Jahrhunderts schreibt Sophokles in seiner *Antigone* ein Gedicht von der Macht des Eros über Götter und Menschen: Eros, der dich überall findet, zu Lande und zu Wasser, dich zum Wahnsinn treibt, demütigt, beraubt, ehrbare Männer zu Unrecht und Ehrlosigkeit verführt, während Aphrodite seinem Treiben zu-

sieht und ihren Spaß daran hat. Aber dies ist der Eros der klugen Berechnung, trotz seiner goldgefiederten Schwingen.

Hier wie dort hat Eros seine Kultzentren, insbesondere in Thespiai in Böotien, westlich von Athen, unterhalb des Berges Helikon. In seinem dortigen Tempel wurde er in Gestalt einer hohen Phallussäule verehrt. Später bekam sein Tempel eine der berühmten Statuen der Antike, einen jugendlichen geflügelten Eros, den der Bildhauer Praxiteles geschaffen und der höchst wohlhabenden Hetäre Phryne geschenkt hatte. Phryne kam aus Thespiai und vermachte die Statue dem Tempel – eine angemessene Gabe einer Kurtisane, die mit der Liebe ein Vermögen verdiente (Praxiteles war einer ihrer Liebhaber). Am Ende wurde die Statue von Nero nach Rom entführt, wo sie beim großen Brand im Jahre 80 verlorenging, kurz nachdem die glühende Lava des Vesuvs Pompeji und Herculaneum unter sich begraben hatte.

Da er männlichen Geschlechts war, neigten die Griechen mehr dazu, in Eros den Gott der homosexuellen Liebe und der angenehmen Erscheinung junger Männer zu sehen. Bald besaß Eros nichts mehr von der urzeitlichen Herkunft von Chaos und dem Urdrang nach Liebe und Fortpflanzung, sondern galt als Aphrodites Kind. Angeblich hatten ihn Zeus oder Hermes (auf den wir gleich kommen werden) oder Ares gezeugt. Jedenfalls war er jetzt Eros, der ruhelos umherflatterte, ein unbändiger, ungehorsamer, unberechenbarer Knabe, bewaffnet nicht nur mit der Fackel, die das irre Feuer der Liebe entfachte, sondern auch mit dem Bogen (der erst im fünften Jahrhundert hinzukommt), mit dem er die Schicksalspfeile auf seine Opfer abschoß.

Der Dichter Apollonius aus dem dritten Jahrhundert v. Chr. stellt in seiner langen

Geschichte von Jason und den Argonauten die Liebe schon so verniedlicht dar, wie sie auch auf den Fresken in Pompeji erscheint. Ihren Höhepunkt findet diese Verharmlosung schließlich in den Rokokomalereien des achtzehnten Jahrhunderts oder auf den erotisch verbrämten Gemälden, die François Boucher für Marquise Pompadour und ihre Freunde gemalt hat.

Auf dem pompejanischen Wandbild hat Aphrodite ihr Kind für irgendeine Ungezogenheit bestraft, indem sie ihm seinen Köcher wegnahm, und auf ihrer Schulter sitzt einer jener kleinen Liebesboten, die den ursprünglich stolzen Gott allmählich verdrängen.

In der *Argonautensage* wenden sich die Göttinnen Hera und Athene an Aphrodite – die sich über diesen Besuch höchst überrascht und erfreut zeigt – und bitten sie,

*Eros und Psyche.*

*Eros mit dem Pfeil. Skulptur von Bertel Thorvaldsen (19. Jahrhundert).*

Eros doch dazu zu bringen, einen seiner Pfeile auf Medea abzuschießen, damit sie sich in Jason verliebt. Nun, meint Aphrodite, ich weiß nicht, ob er sich von mir etwas sagen läßt, aber ich will es versuchen. Sie findet Eros, wie er gerade Ganymedes (den schönen Knaben, der den Göttern ihren Göttertrunk reicht) beim Knöchelspiel betrügt. Sie verspricht ihm den goldenen Zauberball, mit dem Zeus als Kind gespielt hat, wenn er sein Spiel unterbricht und seinen Pfeil auf Medea abschießt. Eros macht sich schließlich auch auf den Weg, aber erst nachdem er versucht hat, seiner Mutter den Zauberball schon im voraus abzubetteln.

*Venus und Amor. Gemälde von Tiziano Vecellio (Detail).*

*Die Begleiter*

75

# Hermes und Aphrodite

Auf kleinen Terrakotta-Figuren wird oft eine nackte Aphrodite dargestellt, die sich an eine »Herme« lehnt, einen kantigen Steinpfeiler, der von einer bärtigen, gütig dreinschauenden Hermes-Büste gekrönt wird. Der angestammte Platz solcher Hermen war am Straßenrand oder auf einer Kreuzung, denn Hermes zeigte den Sterblichen ihren Weg. Er war der göttliche Führer, benannt, wie man allgemein annimmt, nach *herma*, Steinhaufen. In vielen Ländern, von Griechenland bis nach Wales oder den Highlands dienten Steinhaufen früher als Wegweiser. Bei den griechischen Hermen aber ragte aus der flachen Vorderfront ein erigiertes männliches Glied, was zum Teil die Anwesenheit Aphrodites auf den Terrakotten erklärt, denn Aphrodite und Hermes waren ja beide mit Fruchtbarkeitsproblemen befaßt.

Hermes, einer der feschesten und attraktivsten griechischen Götter, wurde in einer Höhle neben dem Berg Kyllene in Arkadien geboren, dem zweithöchsten Berg des ganzen Peloponnes, der jetzt Ziria genannt wird, ein felsiger, abweisender, schneebedeckter Brocken über dem Golf von Korinth. Sein Vater war Zeus, seine Mutter die Nymphe Maja.

Bereits in der Wiege bei seiner Mutter begann er seine trickreiche, einnehmende Rolle im olympischen Leben zu spielen, indem er Schafe stahl, die seinem Bruder gehörten, dem großen Apollon. Er gab Apollon die Leier, die er in seiner Frühreife erfunden, angefertigt und mitgebracht hatte. Mit dem Geschenk und seiner frechen Unbekümmertheit kriegte er Apollon herum und durfte als sein Hirte arbeiten. Bei

*Venus und Cupido. Gemälde von Diego de Silva Velazquez, 1650.*

dieser Arbeit begegneten sich Aphrodite und Hermes, auf der Weide, wo die Tiere leben und sich vermehren.

Wie die Tiere zu Aphrodites Pflichten gehörten, wurde auch des Hermes, dieses alten arkadischen Gottes der Schafherden, Hirten und Bauern im Schafstall, auf dem Viehhof, im Kuhstall gedacht. Er machte, daß der Bock zum Schaf kam, der Bulle zur Kuh, der Hengst zur Stute, der Schäferhund zur Hündin. Man gab ihm Beinamen wie *Hermes Koriophorus:* Hermes, der den Bock trägt. (Im Gegensatz zum »Guten Hirten« der Christen kam dieser Gott nicht mit einem Lamm, sondern mit dem Bock auf den Schultern daher.)

Wegen des Diebstahls, den er in seiner Kindheit begangen hatte, war Hermes zum Gott der Diebe geworden, gleichzeitig war er ein freundlicher Bote und Zuträger. Als er heranwuchs, machte Zeus ihn nicht nur zum Beschützer der Schafe, Viehherden und Hunde, sondern auch zum Patron der Wildschweine, Löwen und Raubvögel, welche die Lämmer rissen. Aphrodites Macht über die Tiere trifft auf die seine, auf die Macht dieses Feldgottes, dessen Phallus (von angemessener Relation und kein überdimensionales Ding wie das des Priapos, aber immerhin ein Phallus) die Hermen am Wegesrand ziert und dem Reisenden zudem noch hilft, den bösen Blick von sich abzuwenden.

In den Statuen der Bildhauer des vierten Jahrhunderts bekommt Hermes die äußerst wohlproportionierte Menschengestalt eines jungen Mannes. Berühmt ist zum Beispiel der *Hermes mit Dionysos als Kind* nach einem Original des Praxiteles, der sich im Museum von Olympia befindet. Die Statuen dieser Zeit zeigen ihn als schnellen Götterboten, als Führer, der Persephone aus der Unterwelt heraufbrachte, der Euridike den Weg wies und Aphrodite auf den Berg Ida ihrem Geliebten Anchises zuführte.

Mancherorts wurden Aphrodite und Hermes gemeinsam verehrt, zum Beispiel auf dem Peloponnes, in Argos und Megalopolis ebenso wie in Kyllene. In der Mythologie wird über die Verbindung zwischen Hermes und Aphrodite nicht viel berichtet. Sie hatten gemeinsame Kinder. Eines war der schöne junge Hermaphroditos, der zu seinem Kummer mit der Nymphe Salamakis zusammengewachsen war, so daß die beiden sich in einen bisexuellen Körper teilen mußten.

Nach einigen alten Überlieferungen gab es noch ein weiteres Kind von Hermes und Aphrodite: Priapos, den nachträglich verleumdeten, dank seines langen Daseins jedoch vertrauten und populären Gott der Weinberge und Gärten.

*Die Begleiter*

## *Priapos*

Überall stand Priapos und hielt Wache, mit dem Beil aus einem Stück Feigenbaumholz geschnitzt – nicht weil man mit dem Feigenbaum schlüpfrige Gedanken verbunden hätte, sondern weil es ihn überall gab, weil in den Gärten genügend alte Feigenholzklötze herumlagen und weil es sich leicht schnitzen ließ. Da Feigen aber nun einmal Feigen waren und Priapos gewöhnlich aus diesem Holz geschnitzt wurde, entstand daraus eine obszöne Anspielung: Wenn ich dich beim Feigenstehlen erwische, werde ich meine Waffe in deine Feige stecken usw.

Und der kleine Priapos bestand hauptsächlich aus seinem riesenhaften Geschlecht, das auf und nieder wippte (anstatt sich anzulegen wie das normal proportionierte Glied einer Herme). Wahrlich ein Pfosten, bemalt mit dem rotesten Rot, das die Besitzer römischer Gärten auftreiben konnten. Nichts von Verstohlenheit oder Verbergen!

In der griechischen Dichtung erscheint Priapos eher hilfreich als bedrohlich. Theokrit, der in ländlichen Idyllen derbe Direktheit und künstlerische Feinheit vereint, teilt ihm in der Liebe eine wichtigere Rolle zu als im Gartenbau. Andere einfachere und kunstlosere Gedichte sprechen voll Dankbarkeit von Priapos: Er hat die Weinstöcke beladen, er hat den Bäumen Früchte geschenkt, er hat die Vögel ferngehalten, er hat die Fische an die Angel oder ins Netz gelenkt. Diese seltsame kleine Kreatur, die häßlich und keineswegs jung war, verschaffte den Gärtnern, den Fischern, den Schiffern und den Bienenzüchtern ihr Auskommen.

Aphrodites Beziehung zum kleinen Priapos kam notwendigerweise spät zustande und auch wieder mehr durch den Mythos als durch den Kult, sozusagen um Ordnung

zu schaffen mit den Göttern und ihren Verwandtschaftsverhältnissen. Die mächtigen griechischen Städte an der asiatischen Küste haben am Südrand der Dardanellen und am Marmarameer neue Kolonien gegründet. In diesen Landschaften der Trauben, Fische und Austern entdeckten die Griechen Priapos als Fruchtbarkeitsgott. Sie übernahmen ihn als Gott dieses nördlichen Teils von Troas, genau wie ihre Vorfahren andere Götter übernommen hatten – weil sie Gefallen fanden an dieser robusten Kombination aus Vitalität, Nützlichkeit und Komik.

Ganz unabhängig davon, daß dieser Gott lachhaft und unterwürfig erschien, mußte er irgendwie in Beziehung gebracht werden zu den großen Fruchtbarkeitsgöttern. Für Aphrodite konnte er kaum mehr sein als ein Kind, etwas freier und eindeutiger als Eros. Einige Lesarten besagten, wenn Aphrodite seine Mutter wäre, müßte Hermes sein Vater sein; andere setzten dafür Adonis ein. Aber das alles paßt nicht zur Küste von Lampsakos – weshalb sollte da Priapos nicht von dem großen Gott der Ekstase, der Orgien und des Weines gezeugt worden sein, von Dionysos, den die Griechen für einen Gott aus Phrygien hielten und der bei den Phrygiern ein Gott der Vegetation war?

Wie aber sollten die schönste aller Göttinnen und einer der ansehnlichsten aller Götter einen so grotesken Sprößling hervorgebracht haben? Man dachte sich allerlei abenteuerliche Erklärungen aus. Einer griechischen Darstellung zufolge hatte die erboste Hera – weil Aphrodite nicht nur mit Dionysos, sondern auch mit Zeus geschlafen hatte – Aphrodites Bauch mit dem Finger berührt und damit die Verunstaltung des Kindes bewirkt. Aphrodite, die alles Schöne liebte, soll sich darüber so aufgeregt haben, daß sie Priapos in den Bergen aussetzte. Dort fand ihn ein Schäfer und zog ihn groß, wodurch Priapos dann auch der Gott der Schäfer und Herden wurde.

# DAS WESEN DER APHRODITE

## Homers Aphrodite

Aphrodites Tempel befand sich unterhalb der Akropolis und des Parthenon. Zwar war sie eine mächtige, universale Göttin, deren Persönlichkeit fortlebt, in der Hierarchie der Götter aber war sie Athene untergeordnet. Der große Walfischrücken aus attischem Kalkstein mit den großen Tempeln darauf und die große Stadt gehörten Athene, der Beschützerin, der Festungsgöttin voller Kriegsgeist und Weisheit, die neben der frostigen Artemis und der respektablen und unverletzlichen Hestia, der Herdgöttin, eine der drei Unsterblichen war, denen die Liebe nichts anhaben konnte. Ironie des Schicksals ist nur, daß diese hinzugekommene Göttin überdauert hat (auch wenn wir sie jetzt Venus nennen), während wir nach den anderen Gottheiten (vielleicht mit Ausnahme von Apollon und den Musen) in Museen und Büchern suchen müssen.

Unbekannt, wenngleich abschätzbar, ist der genaue Zeitpunkt, zu dem Aphrodite nach Griechenland kam; und wie rasch sie sich auf ihrem festen, wenn auch etwas problematischen Platz am Rand der Götterfamilie etablierte, weiß man ebenfalls nicht genau. In den ältesten poetischen Tempeln griechischer Zivilisation, der *Ilias* und der *Odyssee*, ist sie schon nicht mehr die naturalisierte Fremde, sondern die angenommene Göttin. Demnach muß sie also schon gegen Ende des achten Jahrhunderts v. Chr. den Höhepunkt ihrer Entwicklung erreicht haben. Die Griechen des Festlandes und der Inseln mögen zu diesem Zeitpunkt bereits ein oder zwei Jahrhunderte in Aphrodites Bann gewesen sein.

Sie sollte sich Schritt für Schritt verändern; ihre Statue sollte sich aus dem dunklen, ölbestrichenen konischen Stein von Paphos, aus rohen Holzfiguren oder aus dem archaischen Marmor entwickeln, in den die Menschen die Reize dieser exquisiten Göttin hineinlesen mußten. Sie sollte ihre Kleider verlieren und sich als nackte und rosige Göttin der Jugend an den Küsten der Ägäis, des östlichen Mittelmeerraumes, der Adria und des Schwarzen Meers offenbaren. Ihre hölzernen Tempel sollten steinernen weichen.

In einigen Heiligtümern unterschied man sie nach speziellen Eigenschaften, betonte man bestimmte Elemente ihres göttlichen Charakters oder bestimmte Richtungen ihrer Macht. Aber die Göttin, welche die Griechen letzten Endes wie oberflächlich oder konventionell oder mechanisch auch immer verehrten, war doch immer noch die Aphrodite, über die sie bei Homer gelesen hatten.

Um sicherzugehen, was sie in ihrem Kern wirklich war, müssen wir uns zu allererst an die *Ilias* und die *Odyssee* halten und als nächstes an jene beiden *Hymnen an Aphrodite*, die wir Homer zuschreiben, obwohl sie vielleicht erst ein Jahrhundert nach seinem Tod entstanden. Für eine kriegerische Göttin hielten die Griechen Aphrodite nicht gerade, und da die *Ilias* von Krieg und gewaltsamem Tod handelt, kann Homer

*Venus, Mars und Amor von Viktoria gekrönt. Gemälde von Paris Bordone, 1550.*

*Das Wesen der Aphrodite*

von Aphrodite, die gern lacht und auf deren Wangen oft Grübchen erscheinen, nicht so viel erzählen wie von Hera und Zeus, Athene, Ares, Apollon und Poseidon. Aber da sie zu den Trojanern hält (ein Relikt ihres asiatischen Ursprungs), so wie Athene mit ihren leuchtenden Augen zu den Griechen, mischt sie sich ein, und das bekommt ihr nicht gut. Ihr Ansehen bei den Göttern leidet ebenso darunter wie ihre Popularität bei den Griechen.

Sie ist eine Frau, aber sie tändelt mit der Maske der Gewalt, ganz anders als Athene, die Hüterin der Städte, die mit ihrem bronzeköpfigen Speer ehrfürchtige Bewunderung weckt. Aphrodites Favoriten sind Paris und Helena, die den Krieg zwischen Griechenland und Troja auslösten, den Krieg, der einer der berühmtesten in der Geschichte der Menschheit werden sollte.

Das alles weiß Homer, wenn er auch nichts weiß (oder nichts erwähnt) von Paris und der goldenen Kugel und den drei Göttinnen Hera, Athene und Aphrodite. Diese Geschichte mußte in Griechenland vielleicht erst eingeführt werden oder war nur in einzelnen Teilen des Landes bekannt, aber sie war für die Künstler und Poeten des Altertums und später bei der Wiederentdeckung der Klassik für die Dichter und Maler der Frührenaissance von besonderem Reiz. Wie die böse Fee in unseren Märchen war Eris nicht zur Hochzeitsfeier von Peleus und der Seenymphe Thetis eingeladen worden. Da warf sie unter die himmlischen Gäste eine goldene Kugel und tat kund, daß sie für die Schönste der Anwesenden bestimmt sei. Hera, Athene und Aphrodite bewarben sich gleichermaßen darum. Da der junge Trojaner Paris als Schönster aller Sterblichen galt, bestimmte Zeus ihn dazu, unter den drei Himmelsköniginnen zu wählen.

*Das Urteil des Paris. Gemälde von Anselm Feuerbach (Detail).*

So geschah es, auf dem Berg Ida in Troas, wo er seine Herden bewachte. Die drei Göttinnen erschienen in ihrer Nacktheit, und jede versprach ihm eine besondere Belohnung. Aphrodite aber versprach ihm, der schönste aller Männer sollte die schönste aller Frauen ehelichen, und Paris entschied diesen ersten Schönheitswettbewerb der Geschichte, indem er die goldene Kugel Aphrodite

*Aphrodite überredet Helena zur Entführung.*

gab, schloß ihre Schönheit doch jeden Gedanken an die Folgen aus. Helena aber, das Weib Menelaos', des Königs von Lakedaimon oder Sparta, war offenbar die Schönste aller sterblichen Frauen. Paris entführte sie, die Griechen schlossen sich zusammen, um sie zurückzuholen. Und so begann der Trojanische Krieg.

In der *Ilias* wird Paris von seinem Bruder Hektor verspottet, er sei ein Weiberheld ohne Courage, von Aphrodite lediglich mit Charme und gutem Aussehen begabt. Als er vor den Toren Trojas mit Menelaos kämpft und in Todesgefahr gerät, entführt ihn Aphrodite in einer Nebelwolke und bringt ihn zurück in sein Schlafzimmer. Dann erscheint sie Helena und flößt der Sterblichen mit ihrer Göttlichkeit und Schönheit Ehrfurcht ein. Helena ist beeindruckt von Aphrodites »strahlenden Augen, ihrem weißen Hals und den verlockenden Brüsten«.

Mit anderen Interventionen hat Aphrodite weniger Glück. Als die Götter über Troja und die Griechen kommen und sich in den Kampf einmischen, schlägt Athene den abscheulichen Ares mit einem Stein zu Boden. Aphrodite, die Geliebte des Kriegsgottes, schafft es zwar, ihn aus dem Gefecht zu retten, aber nur, um den nächsten Schlag Athenes gemeinsam mit ihm zu empfangen.

Als sie ihren irdischen Sohn Aeneas wegzaubern wollte, der sich mit Diomedes, dem König von Argos, herumschlug, verfolgte Diomedes die beiden und war so erbost, daß er den Respekt vergaß, den Sterbliche den Unsterblichen schulden; er verspottete Aphrodite und ritzte ihr Handgelenk mit seinem Speer.

Während Apollon sich ihres Sohnes annahm, entkam die verwundete (oder zerkratzte) Aphrodite in einem von Ares geborgten Wagen zum Olymp, wo ihre Mutter Dione sie pflegte. Homer macht Aphrodite bekanntlich zur Tochter von Zeus und Dione, und kein Wort fällt von Hesiods Meereswunder: Uranus, Kronos, Sichel und Schaum. Schließlich weist Zeus sie, nach einigem göttlichen Spott seitens Heras und Athenes, freundlich an ihren Platz:

*Da lächelte sanft der Menschen und Ewigen Vater,*
*Rief und redete so zu der goldenen Aphrodite:*
*Nicht dir wurden verliehn, mein Töchterchen, Werke des Krieges.*
*Ordne du lieber hinfort anmutige Werke der Hochzeit.*

Denn »Waffengeschäfte« waren die Sache von Athene und Ares.

Das mochte zwar gönnerhaft sein, andererseits aber haben wir hier die erste und grundlegende Bestimmung von Aphrodite, jedenfalls die erste, die uns überliefert ist und die bei den Griechen zukünftig galt.

*Das Urteil des Paris. Gemälde von Girolamo di Benvenuto.*

Aphrodite war und blieb die unverwechselbarste Gestalt unter den Göttern. Alles, was die Phantasie an ihr veränderte oder hinzufügte, unterlag letztlich Zeus' Entscheidung oder wurde ihr anheimgestellt: Ihre Rolle war die der goldenen Gebieterin der Liebe.

In der *Ilias* wird ihre Schönheit immer wieder gepriesen (Schönheit war zu jener Zeit leichter in Worte zu fassen als in Holz oder Stein). Ohne dieser sozusagen erbaulichen Seite Aphrodites zu widersprechen, führt ihre Schönheit zum Monat April, zu den Jahreszeiten, zu den Grazien und Musen und zur Liebe als dem Mittelpunkt der schönen Künste.

Bereits in der *Ilias* ist Aphrodite »golden«, was nicht, wie wir annehmen könnten, ein Beiname für ihre strahlende und kostbare Erscheinung war. Die »goldene Aphrodite« ist die Aphrodite mit dem goldenen Halsband der Königin, die außerdem göttlich und ehrfurchtgebietend ist; und in der viel jüngeren *Homerischen Hymne* über sie und Anchises (dem frühesten uns bekannten Gedicht, das sich ausschließlich

*Venus und Mars. Gemälde von Sandro Botticelli.*

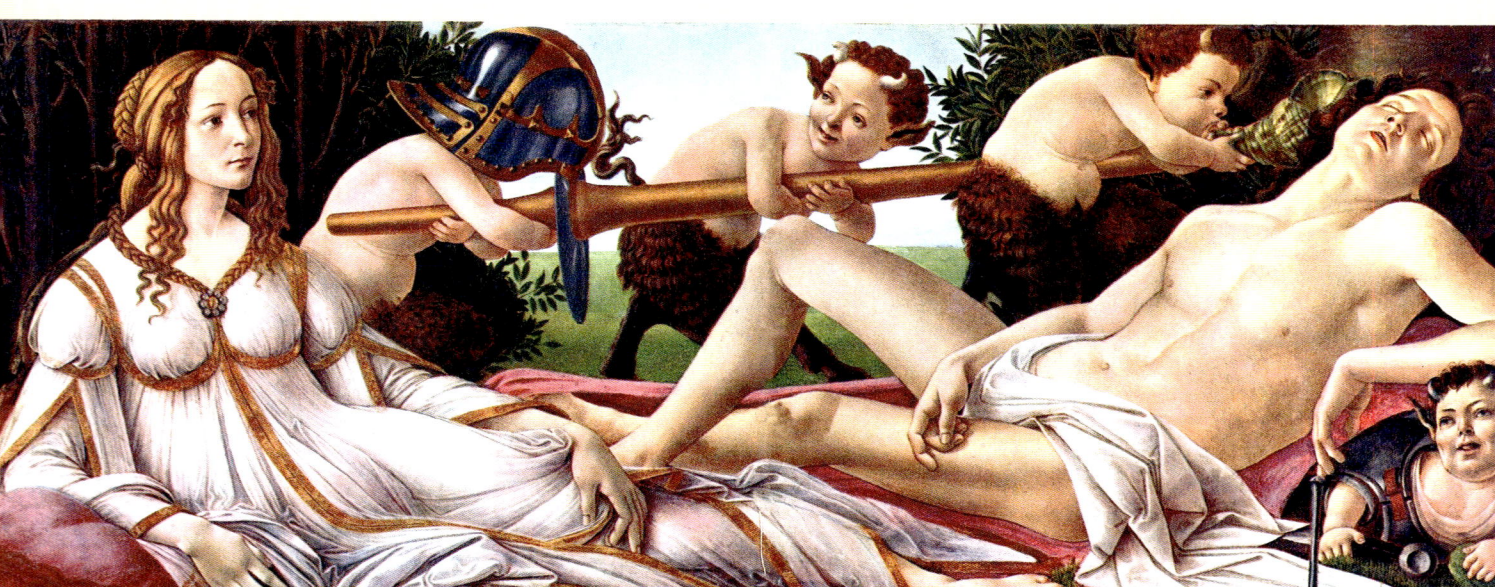

mit Aphrodite befaßt) gestattet sie Anchises, als sie sich mit ihm auf dem Berg Ida bettet, »ihre schimmernden Schmuckstücke, ihre Nadeln, ihre verschlungenen Armreifen, ihre blumenförmigen Ohrringe und ihr Halsband« abzunehmen.

Gold ist das Metall der Königswürde und Göttlichkeit; und Halsbänder, wenn auch nicht alle so kostbar wie jene aus den Gräbern von Mykene, gehörten zu jeder Marmorstatue der Aphrodite in den Tempeln.

Auch die in der *Ilias* erzählte Geschichte von Aphrodites *kestos*, dem kostbaren bestickten Band, das ihren Hals umschlang und sich zwischen ihren exquisiten Brüsten aufrollte, bezeugt und bekräftigt ihre allumfassende Macht.

Seine Magie machte den, der ihn trug, unwiderstehlich. So erzählt Homer: Als die Griechen Zeus für eine Weile aus dem Weg schaffen wollten, um ihre Ränke gegen die Trojaner schmieden zu können, machte Hera sich an Aphrodite heran und erbat sich unter irgendeinem Vorwand ihren *kestos*.

Aphrodite war freundlich und töricht genug, ihn abzunehmen und zu verleihen. Hera wußte, daß Zeus in ihr Bett zurückkehren mußte, sobald sie den *kestos* trug. Sie würden sich lieben, und dann würde Zeus erschöpft einschlummern und nicht bemerken, was vorging. Es ist wahr, daß Aphrodite in der *Ilias* einerseits etwas gönnerhaft, andererseits aber auch edel dargestellt wird. In Wahrheit gelten Hera und die blauäugige Athene mehr, ihre Machtbereiche sind größer; sie lieben es, sich lustig zu machen über die Göttin der Liebe, die immer nur das *Eine* im Sinn hat.

Einige Experten der griechischen Religionsgeschichte sehen in der Art, wie Homer Aphrodite einstuft, eine Konsequenz der Tatsache, daß sie erst spät in die Göttergesellschaft kam und ihren Platz erobern mußte. Vielleicht ist es so, und vielleicht findet man in der *Odyssee* dafür eine zusätzliche Bestätigung, denn dort tritt Aphrodite gar nicht auf, sondern erscheint nur hinter den Kulissen.

Menschen und Götter mögen dazu neigen, die Liebe und Aphrodite beiseite zu schieben, wenn es ihnen um »ernste Anliegen« geht. Vielleicht reden sie über Aphrodite etwas von oben herab, aber das ist meist Heuchelei. Als Helena nach Trojas Fall wieder zu Hause bei Menelaos ist, berichtet sie in der *Odyssee* recht blasiert und geschraubt, wie Aphrodite sie von ihrer Heimat, ihrem Kind, ihrem Ehegemach und ihrem Gemahl weggelockt habe und wie sie das Verwerfliche ihrer Handlungsweise dann erkannt habe. Und bei alledem denkt man darüber nach (und soll auch darüber nachdenken), daß es ohne Aphrodite und die Macht der Liebe keinen Trojanischen Krieg gegeben hätte. Zeus mag Aphrodite auf ihren Platz verwiesen haben, aber all das Waffengeklirr, all das Blutvergießen, das wütende Augenblitzen, das unerträgliche Unglück und die Berge von Leichen wurden durch die Liebe verursacht. Liebe ist süß, Liebe ist ernst, Liebe ist von großer Bedeutung. Gut oder böse – Aphrodite ist eine große Göttin, deren Ursprung nicht bei Zeus und Dione liegt und nicht im göttlichen Sperma im Meer, sondern im Wesen alles Lebendigen. Und damit letztlich in der Natur, die uns am vertrautesten ist: in uns selbst.

## Die Grazien

»Je mehr der Mensch die Künste kultiviert«, sagt Charles Baudelaire zu sich selbst in *Mon cœur mis à nu*, »desto weniger schöpferisch ist er. Die Lyrik des Volkes besteht darin, daß Männer und Frauen miteinander ins Bett gehen.«

Nun, »das Volk« ist ein dehnbarer Begriff, und der Arzt, der Maler oder der Dichter können sich wohl auch auf andere Weise ausdrücken. Aber grundsätzlich

*Das Wesen der Aphrodite*

hat Baudelaire natürlich vollkommen recht mit seiner Feststellung, für uns alle sei Liebe das Größte im Leben. Gerade deshalb warnt er vor falscher Sentimentalität: »Hüte dich in der Liebe vor *Mond* und *Sternen*, hüte dich vor der Venus von Milo.« Das heißt: Hüte dich vor allem, was zum gängigen, statthaften, idealen Symbol für Liebe und Schönheit geworden ist. »Hüte dich vor Seen, Gitarren, Strickleitern und sämtlichen Romanen, selbst vor dem schönsten Roman der Welt, selbst wenn Apol-

*Venus und drei Grazien übergeben Geschenke an ein junges Mädchen. Gemälde von Sandro Botticelli, 1490.*

lon persönlich der Autor wäre. Aber liebe die Frau deiner Wahl anständig, heftig, mutig, orientalisch, wild und grimmig.« In dieser Forderung klingt etwas von der griechischen Haltung an, von praktischem griechischem Verstand und Aufrichtigkeit. Sappho hätte dem beigepflichtet.

Liebe ist Lyrik des Volkes. Sich zu verlieben, etwas aus Liebe zu tun, das ist das äußerste, was der größte Teil der Menschheit je im Leben an Gefühlsfreuden oder Ekstase erfährt. Nur um der Liebe willen, meint Baudelaire, lohne es sich, ein Sonett zu dichten oder reizende Unterwäsche anzuziehen. Tritt die Liebe auf, identifiziert

*Die drei Grazien und Venus. Gemälde von Antonio Canova, 19. Jahrhundert.*

sie sich sogleich mit der Dichtung: Aphrodite wird von den Grazien begleitet. Die Grazien lebten auf dem Olymp, neben den Wohnungen und dem schimmernden Tanzboden der Musen.

Was ihren Namen angeht, so zollen wir den Musen mehr Respekt als den Grazien. Die Musen waren die Göttinnen der Poesie, der Musik, des Tanzes, sie waren Töchter des Zeus, des göttlichen Herrschers, drei den meisten Überlieferungen zufolge. Sie waren Freudespenderinnen, deren Gaben bei der sexuellen Hingabe begannen. Wenn sie auch nicht zugegen waren, als Aphrodite aus dem Wasser stieg, so war doch das feinmaschige, bestickte Gewand, welches sie anzog, von den Grazien und den Horen für sie gefertigt worden, den Jahreszeiten, die sie kleideten und sie auf ihrem ersten großen Weg begleiteten.

Gewöhnlich tanzte dieses junge Dreigespann reizender Göttinnen miteinander, eine die Arme um die Schultern der anderen, oder mit den Musen oder mit Aphrodite. Homer spricht in der *Odyssee* nicht nur von den Grazien, die Aphrodite in Paphos badeten, ölten und kleideten, als ihr Schmied-Gatte sie aus dem Netz befreit hatte; er erwähnt auch, Aphrodite habe ihre Krone aufgesetzt und sich mit den Grazien der Freude des Tanzes hingegeben. Hesiod beschreibt ihre herrliche Haut, ihre strahlenden Augen und ihre liebevollen Blicke:

*Und aus ihren glänzenden Augen strömte jene Liebe,*
*welche die Glieder jeglicher Kräfte beraubt!*

Hesiod nennt auch die Namen, unter denen die Grazien den Griechen bekannt waren: die kluge Aglaia, die glückliche Euphrosyne und Thaleia, die den Überfluß bringt. Er erwähnt, daß man sie zuerst erst in Orchomenos, einer Stadt in Böotien, verehrte. Heute kann man Orchomenos mit seinen mykenischen Funden in zwei Autostunden von Athen aus erreichen. Es liegt an der Schnellstraße, die um den trockenen Kopais-See herumführt. Steine vom Tempel der Grazien, die an dieser Stelle zuerst verehrt wurden, hat man in den Mauern einer byzantinischen Kirche gefunden. Das erste Heiligtum, das die Grazien symbolisierte, waren drei Steine, die vom Himmel gefallen sein sollen. Das Fest der Grazien war die *Charitesia*, bei der es Musik und Dichterlesungen gab.

Ein anderer geweihter Tempel der Grazien stand in der heiligen Stadt Elis, jenseits der Berge an der Westküste des Peloponnes, in der Landschaft der Olympischen Spiele. In Elis war die Liebe gediehen. Hier gab es einen großen Tempel der Himmlischen Aphrodite aus Zypern, und in diesem Tempel stand ihr Bildnis aus Elfenbein und Gold, geschaffen vom großen Phidias. In ihrem Grazientempel verehrten die Eleaner die Göttinnen in Gestalt von drei bekleideten und vergoldeten hölzernen Statuen, deren Gesichter, Hände und Füße aus weißem Stein waren.

Pausanias berichtet in seinem griechischen Reisehandbuch, daß eine der Grazien eine Rose hielt, das angemessene Attribut einer Göttin der Liebeskunst, die zweite einen Knöchel, den er als Symbol für die noch unberührte, ungeweckte Grazie eines Kindes erklärt, welches sich mit dem Knöchelspiel beschäftigt, die dritte den Myrtenzweig, der Aphrodite geweiht war. Er

*Venus mit Ceres und Juno. Detail des Wandfreskos in der Loggia der Psyche von Raffaello Santi. Villa Farnesina, Rom.*

bestätigt, daß die Grazien von allen Göttern zu Aphrodites Gefolge gehörten.

Pindar, ein Dichter des fünften Jahrhunderts v. Chr., beruft sich stets auf die Grazien. Sie haben blondes Haar, schreibt er, sie spenden Freude, sie geben dem Leben Kraft und schwellende Fülle, sie singen am Kastalianischen Brunnen, der sich noch immer über die Felsen beim Delphi Apollons und der Musen ergießt. Es ist die Macht der Grazien, durch welche die Zunge das Wort aus der Tiefe der Gedanken holt, es ist das Licht der Grazien, bei dem Pindar (und jeder andere begabte Dichter) seine Lieder schreibt.

*Reinheit. Nach den Drei Grazien des Sandro Botticelli von Gerrit Greve, 1999.*

Wie Aphrodite und die Liebe wurden auch die Grazien häufig aus der Religion in die Philosophie oder in einen metaphysischen Zwischenbereich transponiert. Mit der Zeit wurden aus den Göttinnen des Liebesspiels immer mehr die der Segnungen der Kultur. Platon gab seinem düsteren Jünger Xenokrates den berühmten und vernünftigen Rat, »den Grazien zu

*Schönheit. Nach den Drei Grazien des Sandro Botticelli von Gerrit Greve, 1999.*

opfern«. Wie Aphrodite sollten auch die Grazien in der späteren griechischen (und römischen) Kunst ihre Kleider verlieren, womit sie etwas von der göttlichen Poesie der körperlichen Begierde bewahrten.

Als die Maler der italienischen Renaissance sie zu Allegorien machten, zum Beispiel Sandro Botticelli in seiner *Primavera*, Raffael in seinem Gemälde von dem Trio mit den heiligen Äpfeln der Aphrodite (die eigentlich Quitten hätten sein müssen), Correggio – der ihnen die reizvollste Weiblichkeit verlieh – in seinem Fresko in der Camera di San Paolo in Parma, gehörten die Grazien dennoch weiter zum Kreis der Aphrodite und der Venus. Bekleidet, nackt oder halbnackt – sie waren bezaubernde Frühlingsgeschöpfe.

Sie blieben im Gefolge der Venus, auch als Pierre de Ronsard sie im Frankreich des sechzehnten Jahrhunderts darstellte. Ronsard läßt sie mit den Musen in den Flußauen unter dem Rittergut von Vendomes tanzen, auf dessen Fassade sein Vater Loys de Ronsard 1515 die Zueignung *Voluptati et Gratiis* hatte schreiben lassen: »Der Lust und den Grazien«.

Die Paarung zwischen männlichen und weiblichen Geschöpfen der kreatürlichen Welt ist ein uraltes religiöses Konzept. Mächtig ist dieser Trieb, intensiv die dabei empfundene Lust, und von beiden ist alles Leben abhängig – wenn man Analogien gelten läßt, auch in der pflanzlichen Welt.

Über Aphrodite gibt es wenig zu sagen, was sich nicht in den Attributen ausdrücken ließe, die man ihr gab, und in den speziellen Namen, unter denen man sie in ihren verschiedenen Tempeln der gesamten griechischen Welt anrief.

Alles unterliegt ihrer unwiderstehlichen Macht. Sie ist *Aphrodite Peitho*, Aphrodite der Verführung (das war ihr Name auf Sapphos Insel Lesbos), *Aphrodite Epistrophia*, Aphrodite, welche unsere Herzen wandelt. Aphrodite der gewundenen Pfade, und

Aphrodite, die Alraune. Aphrodite des Liebestranks, denn die berühmten Aphrodisiaka wurden aus der Wurzel der Alraune hergestellt, die auf Zypern und in Griechenland ein ganz gewöhnliches Frühlingsgewächs ist.

Aphrodite ist schön, weil es zur Schönheit der Liebe paßt. Sie ist *Aphrodite Parakyptousa*, Aphrodite mit dem Seitenblick – sie sieht uns aus ihren Augenwinkeln an, und schon sind wir verloren. Sie ist auch *Aphrodite Baiotis*, Aphrodite mit den kleinen Ohren, und *Aphrodite Kallipygos*, Aphrodite mit dem reizenden Hinterteil (nach dem sie sich bei manchen ihrer Statuen umdreht).

Sie bringt Liebende zusammen, und manchmal spielt sie *Aphrodite Machinitis*, Aphrodite die Findige: »Liebe findet immer einen Weg.«

Sie läßt Männer und Frauen heiraten, läßt sie einander umarmen und zusammen ins Bett gehen, ist sie doch *Aphrodite Nympha*, die Aphrodite der Verlobten, *Aphrodite Harma*, Aphrodite, die zusammenführt (woher die griechische Göttin Harmonia kommt, ihre Helferin und ihr verlängerter Arm, und unser Wort Harmonie), wie sie in Delphi genannt wurde; *Aphrodite Thalamon*, die Aphrodite der Braut- und Schlaf-

*Venus Kallipygos. Römische Kopie eines griechischen Originals des Hellenismus.*

gemächer; und *Aphrodite Praxis*, die Aphrodite des Erfolges oder des guten Gelingens, des Augenblicks höchster Erfüllung in unserer glücklosen Welt. Sie ist *Aphrodite Charidotes*, Freudenspenderin; *Aphrodite Hetaira*, *Aphrodite Porne*, die Göttin, die von Huren und Hetären als Schutzgöttin angesehen wurde.

Sie ist auch *Aphrodite Androphonos*, die Menschenmordende, ebenso wie *Aphrodite Paregoros*, die uns Trost und Linderung spendet. Und sie ist, was sie für Auguste Renoir gewesen sein mag, als er seine Hausmädchen nackt malte, und vielleicht auch für Pablo Picasso: *Aphrodite Ambologna*, Aphrodite, die jung hält. Und sie ist *Aphrodite Antheia*, die Aphrodite der Blumen.

## *Die Aphrodite der Dichter*

Eine Gottheit ist stets schwer zu definieren. Sie ist eine Personalisierung wechselnder Wünsche, Emotionen und Nöte. Man mag sie noch so sehr mit Ideen beladen, ihre Assimilationsfähigkeit ist nahezu unbegrenzt, sie überdauert die Zeitläufte und wandelt sich mit ihnen. Die Wirkungskraft jeglicher einmal geborenen Gottheit rangiert zwischen einem Maximum des Gewohnten und einem Maximum des Außergewöhnlichen, zwischen Allgemeinplätzen und Ausnahmen, Konvention und freier Einbildungskraft, Klischee und Realität.

Das gilt auch für Aphrodite. Ihre Bedeutung differiert nach Epochen, Personen und Machtbefugnissen. Sie war jeweils eine andere für den Bittsteller, der ihre Hilfe suchte und eine Taube zu ihrem Tempel brachte, für die Priesterin, die ihre Riten und Opfer überwachte, für die Handwerker, die zu Tausenden kleine farbige Terrakotta-Aphroditen formten, um sie den Pilgern anzubieten, und für die Bildhauer, die ihre großen Tempelstatuen schufen und polierten. Für erotische Poeten mit leichter Feder, leidenschaftliche Dichterinnen wie Sappho oder tiefschürfende Dramatiker des fünften Jahrhunderts v. Chr. in Athen war sie jeweils von verschieden starkem Einfluß und von unterschiedlicher Bedeutung.

Dennoch gab es immer einen festen Kern ihres Wesens. Als Göttin der physischen Vereinigung drückte sie Gefühle aus, welche alle Männer und Frauen gemeinsam hatten, ob ihr Liebeshunger nun dem Durchschnitt entsprach oder ihn überbot.

Die Griechen jedenfalls hielten sie für eine Notwendigkeit, und deshalb standen ihre Tempel, ob klein oder groß, überall, in der Sonne der Ägäis, am Mittelmeer, an der Adria und am Schwarzen Meer. Ihr Name wurde mehr als fünfzehnhundert Jahre hindurch von jedermann als natürlicher Bestandteil des Lebens angesehen.

In den größeren Gedichten, Gedichtfragmenten und Spielen, die uns nach Homer, Hesiod und den *Homerischen Hymnen* überliefert sind, geht es nicht so sehr um die allgemein bekannte wie um eine besondere Aphrodite. Der Akzent verlagert sich von der Liebe zum Leben, und damit werden etwaige Bedenken beruhigt, die ehemalige Karriere der Göttin im Trojanischen Kriege habe sie endgültig zur *persona non grata* im Götterhimmel gemacht. Aischylos zum Beispiel läßt Aphrodite in einigen Zeilen seines verlorenen Dramas *Die Danaiden* begeistert von der jahreszeitlichen Vereinigung von Himmel und Erde berichten. Der ernsthafte Dichter schlug eine Brücke über das Wechselspiel von Süße, Bitternis und Grausamkeit, mit einem Wort: über die universale Grausamkeit der Liebe als Zustand und Handlungsantrieb, indem er betonte, daß sie zu den kosmischen Bedingungen allen Lebens gehörte. Sie treibt die gesamte Natur.

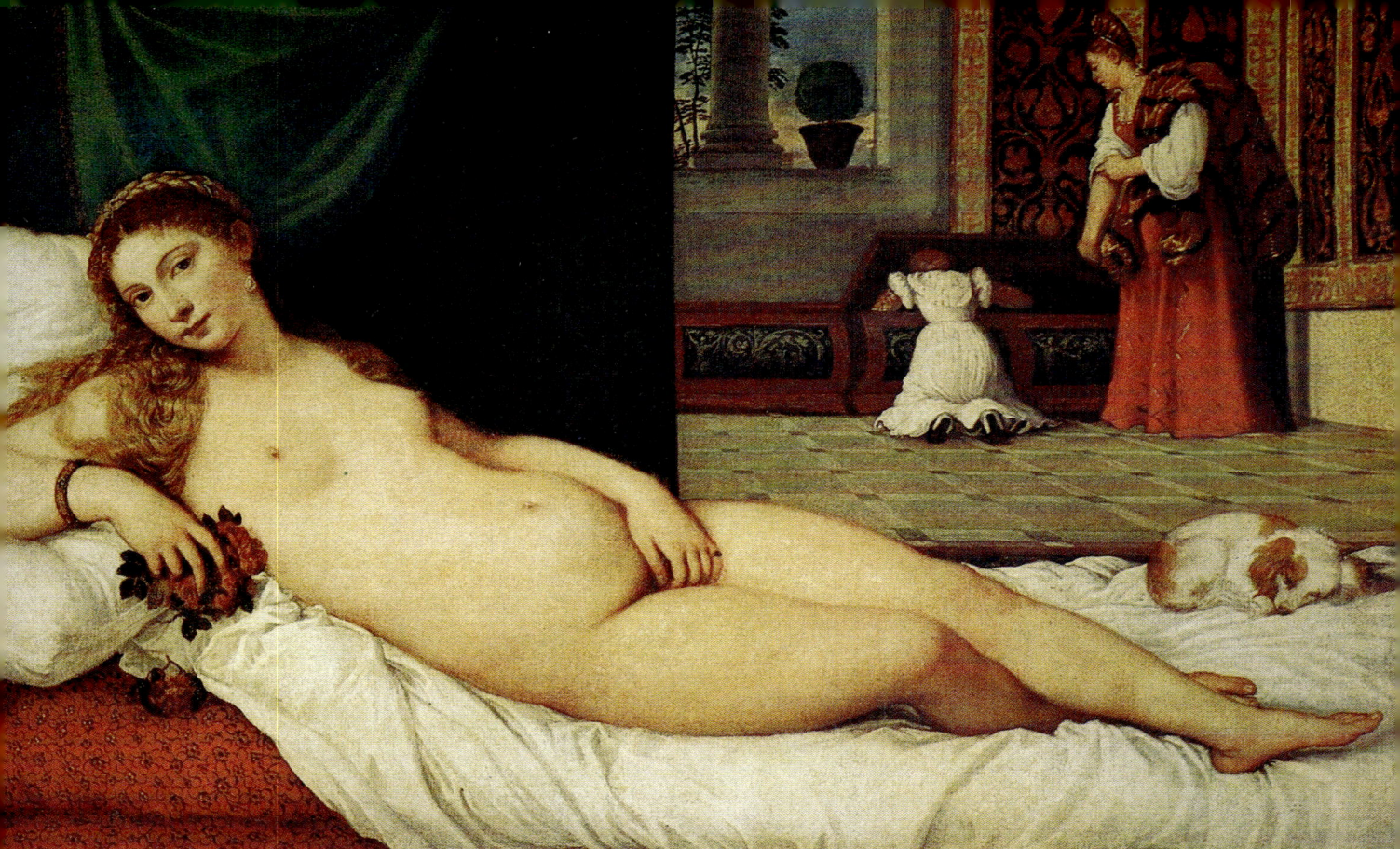

*Bild links oben:*

Schlafende Venus. Gemälde von Giorgione (Giorgio da Castelfranco), fertiggestellt von Tiziano Vecellio.

*Bild links unten:*

Venus. Gemälde von Palma Vecchio.

*Bild rechts oben:*

Venus von Urbino. Gemälde von Tiziano Vecellio.

Euripides, dieser Kenner der Kräfte, die unser Leben bestimmen, feierte Aphrodite als Priesterin der Hingabe an die orgiastische Liebe, nach der sich die Frauen in seinen *Bacchen* sehnen. Der Wein wurde von Aristophanes als Milch der Aphrodite bezeichnet, weil er die Sinnlichkeit gedeihen läßt; und in einem der Chorgesänge des Euripides-Dramas bitten die Frauen, Dionysos möge sie zur Liebe und nach Zypern entführen:

*Venus wird von einem Satyr überrascht. Gemälde von Sebastiano Ricci, um 1720.*

*Nach Zypern,*
*Aphrodites Insel, zu fahren,*
*wo ihre Eroten*
*wohnen, die*
*den sterblichen Menschen*
*in Bann schlagen ...*

Wilde Liebe, wilde Sehnsucht, wilde Lust, auch wenn Lust ein Wort der Sünde ist und Sünde zum Christentum gehört. Für die Griechen war Liebe eine ebenso unvermeidliche und unentrinnbare Gewalt wie der Wind, der Regen oder die Hitze der Sonne.

Mehr darüber kann man in *Hippolytos* lesen, ein Stück, das Euripides der Macht der Liebe widmet. Er zeigt hier die Grausamkeit der Göttin, die sich an dem bitter rächt, der sie beleidigt. Der übermütige junge Hippolytos ist töricht genug auszusprechen, daß er sie für die schlimmste aller Göttinnen hält. Er bevorzuge Artemis, die Jagd und die Keuschheit, meint er. So jedoch darf ein Mensch sich den Göttern gegenüber nicht gehenlassen; er muß wissen, wo sein Platz ist, und den Göttern die Ehrerbietung zollen, die sie verdienen. Darum veranlaßt Aphrodite, daß die verheiratete Phaidra sich in Hippolytos verliebt. Hippolytos weist sie zurück. Er muß dafür mit seinem Leben büßen, und Phaidra entgeht, indem sie sich erhängt, wenigstens der Schande.

Aphrodite dafür verantwortlich zu machen, wäre aber selbst in diesem Fall ein Widerspruch gegen die Natur aller Dinge. Die Amme beruhigt Phaidra denn auch und spricht sie von Schuld frei. So nimmt die Liebe auch hier ihren schwankenden Platz zwischen dem Unvermeidlichen und dem leidenschaftlichen Exzeß ein.

## Aphrodite für Philosophen

Empedokles war ein Philosoph, der zu Aphrodite ein ganz spezielles Verhältnis besaß – ein recht ungewöhnlicher griechischer Bürger, der aus der großen, von gelben Felsen bewachten Stadt Akragas (Girgenti) auf Sizilien kam. Empedokles war wie Lukrez ein Dichter und Philosoph, aber er war auch noch mehr. Matthew Arnold beschrieb ihn als »nackten, ewig unruhigen Geist«.

Nach der Überlieferung beendete er sein Leben, indem er sich in die feurigen Gase des Ätnakraters hinabstürzte.

Empedokles, der seine Philosophie in Verse faste, als Euripides und Sophokles ihre Stücke schrieben, also hundert Jahre bevor Praxiteles die nackte Göttin als Statue darstellte, betrachtete Aphrodite – oder jedenfalls die Liebe – weniger als göttliche Kraft denn als Naturgewalt. Er ging davon aus, daß in der Natur Liebe und Kampf die mächtigsten Kräfte seien. Liebe führte die Gegensätze zusammen, Kampf trennte sie wieder und schuf neue Gegensätze, die man wiederum vereinen konnte. Aber wenn dieser Philosoph abseits von Griechenland für die Liebe und Freundschaft gleichermaßen das Wort *philia* gebrauchte, konnte sein Synonym ebensogut Aphrodite sein. Als er in einigen Fragmenten, die wir von seinen langen Gedichten über die *Natur* und die *Reinheit* besitzen, von Liebe, Freude und Aphrodite schreibt, beflügelt der kreative Charakter der Göttin ihn noch immer bei der Entwicklung seiner Ideen.

Wenn Empedokles die Liebe als große Macht beschreibt, sind seine Worte noch immer beeindruckt von der Göttin Aphrodite, von ihrer religiösen Persönlichkeit, ihrer Macht und von allem, was sie seinen Zeitgenossen im Alltag der griechischen Städte, im täglichen Leben der Männer und Frauen bedeutet: »Bald vereinigen sich durch die Liebe alle Glieder, welche die Leiblichkeit erlangt haben, auf des blühenden Lebens Höhe, bald wieder zerschnitten durch die schlimmen Mächte des Zwistes irren sie einzeln voneinander getrennt am Gestade des Lebens. Ganz ebenso ist

*Venus und Mars. Gemälde von Johann Rottenhammer, 1605.*

es mit den Sträuchern, den im Wasser hausenden Fischen, den bergbewohnenden Wildtieren und den fittichwandelnden Tauchvögeln.«

Für mein Empfinden sind in jedem dieser philosophischen Fragmente das Wesen der Göttin (das die Bildhauer des folgenden Jahrhunderts in ihren Statuen ausdrücken werden), der Duft ihres Körpers, ihre Quitten und ihre Myrtensträuße, ihre Rosen und die Sanftheit ihrer Tauben schon wesensmäßig erfaßt.

Indem Empedokles erklärt, Fleisch und Blut seien aus einer Mischung der vier Elemente Erde, Feuer, Wasser und Luft entstanden, setzt er voraus, daß dies geschah, nachdem die Erde »im vollendeten Hafen der Cyprins« geankert hatte. Herrlich! Es ist auch klar, was er meint, wenn er in einem nur aus wenigen Worten bestehenden Fragment von der »gespaltenen Wiese der Aphrodite« spricht – blühende Wiesen, aus denen Kinder geboren werden.

Die Fragmente seiner Gedanken sind so spannungsgeladen, daß man sie kaum wieder vergißt.

## Lukrez

Auch Lukrez beginnt, Jahrhunderte später, sein Gedicht über das Universum mit einer Anrufung Aphrodites. Als Römer erwähnt er natürlich zuerst, daß Aphrodite (oder Venus) die Mutter des Aeneas war, der als offizieller Gründer Roms galt. Dann aber geht er auf ihre Schöpferkraft ein:

*Venus entwaffnet Amor. Gemälde von Paolo Veronese, um 1561.*

*Mutter des Aeneas, Liebling der Götter und Menschen,*
*Venus unsere Hüterin, unter den kreisenden Sternen des Himmels*
*erfüllst du das schiffetragende Meer*
*und das fruchtbare Land mit Leben.*
*Durch dich erst wird alles Lebendige empfangen,*
*um geboren zu werden, das Tageslicht zu erblicken.*
*Göttin, vor dir weichen Stürme.*
*Bei deinem Kommen öffnen sich die Schleusen des Himmels,*
*Daedalus' süße Erde läßt ihre Blumen sprießen*
*für dich. Besänftigt lächeln Meereswogen dir*
*und aus des Himmels Frieden strömt Licht.*
*Die Quelle kommt zum Leben wie des Westwinds*
*zeugungskräftiger Atem, die Vögel in der Luft*
*verkünden deine Ankunft, ihr Herz ergriffen*
*von deiner Macht. Der neue Überfluß*
*läßt wilde Tiere Freudensprünge tun.*
*Gefangene deiner Güte folgen dir, wohin du führst,*
*durch Meer und Höhen, Ströme, Blätterwerk,*
*wo Vögel wohnen, und grüne Felder.*
*In alle Herzen dringet unausweichlich*
*deine Liebe, damit sich alle Arten*
*auf Erden freudig mehren.*

Weiter teilt uns Lukrez mit, daß die Göttin allein über die Natur der Dinge herrscht: Ohne sie kann nichts in unser Lichtreich gelangen; sie ist die Voraussetzung aller Dinge, die erfreulich und schön sind, und so hofft er auf ihre Unterstützung bei der Entstehung seines Gedichts.

Wahrlich ein ungewöhnlicher Beginn für ein Epos des menschlichen Geistes: Während Lukrez die Götter aus ihren angestammten Bereichen verdrängt und den Menschen auffordert, im Rahmen der Vernunft und der wissenschaftlichen Gesetze nach freier Willensentscheidung zu leben, schafft er für die Liebe einen neuen Herrschaftsbereich. Die Götter, sagt Lukrez in seinem Gedicht, mögen existieren, jedoch als ferne, schattenhafte, wesenlose Geschöpfe, die zu sehr mit ihren eigenen Problemen beschäftigt sind, um sich über uns Gedanken zu machen. Sich vorzustellen, sie seien großherzig genug, uns diese herrliche Welt als ewige Heimat zu schaffen, sei blanker Unsinn. Zum Schluß hin macht er sich lustig über den fatalen Zustand, in den der Verliebte gerät, und über das hilfeflehende Katzbuckeln vor Venus.

Doch die Anfangszeilen des Gedichts haben die Gelehrten in einige Verwirrung gestürzt. Wie konnte ein Dichterphilosoph, dem die Götter gar nichts bedeuteten, eine Göttin aus so tiefem Herzen verehren? Seine Worte konnte man schwerlich als Ausrutscher ins Klischee, als schwächliche Anpassung an literarische Konventionen nach dem Muster: »Singe, Göttin, von Achilles' Zorn« erklären.

Ich glaube, seine Worte sind vielmehr das größte aller denkbaren Komplimente für Aphrodite gewesen. Könnte nicht diese Göttin aller Herzen die einzige gewesen sein, von der Lukrez sich nicht ganz trennen mochte?

*Die Toilette der Venus.* Gemälde von François Boucher, 1749.

*Das Wesen der Aphrodite*

# Sapphos Aphrodite

Zwischen Lukrez und Sappho, die um 612 v. Chr. geboren wurde, liegen fünfhundert Jahre. Aber ich bin sicher, die Aphrodite, die wir begreifen und auch akzeptieren können, entspricht der Vorstellung, die Sappho von ihr schuf. Sappho von Lesbos erfleht in ebenso stolzen wie leidenschaftlichen Versen Aphrodites Hilfe. Sie ist verzweifelt über ihre unerwiderte Liebe zu einem Mädchen, das sie begehrt. Es ist das einzige vollständige Gedicht, das uns von Sappho überliefert worden ist:

*Aphrodite, flimmernd auf buntem Thronsitz,*
*quäle, trugbereitendes Kind des Höchsten,*
*nicht mit Schwermut, nicht mit Verwirrung meine*
*Seele, o Herrin!*

*Komm und hilf mir, wenn du mich früher jemals*
*aus der Not erlöst hast, mein Rufen hörend*
*dort in deiner Ferne! Ach, damals ließest*
*du deines Vaters*

*goldnes Haus und schwebtest im Wagen nieder,*
*vom Geschwirr der Sperlinge leicht gezogen,*
*mitten durch den schimmernden Himmel in das*
*Dunkel der Erde.*

*Die Toilette der Venus. Gemälde von François Boucher, 1749.*

*Und so tratest du, Selige, plötzlich vor mich, lächelnd mit den ewigen Augen, fragtest, was für Leid mir wieder geschehn, warum ich wieder dich riefe.*

*Was ich so, ich Rasende, mir ersehne. »Welches Mädchen sollen denn Peithos Künste wieder an die Brust, dir, o Sappho, legen? Wer widerstrebt dir?*

*Wisse, die dich heute noch flieht, wird morgen dich begehren. Die dein Geschenk nicht annimmt, wird dich bald beschenken. Und lieben wird dich, die sich geweigert.«*

*Komm auch jetzt, o Herrin, herab und löse alle Wirrnis, bring meiner Seele Sehnsucht an ihr Ziel und bleibe, du selbst, im Kampf mir helfend zur Seite!*

In diesen Zeilen wird das ganze Wesen der Aphrodite erkennbar und fühlbar. Es sind Zeilen, die aus tiefstem Herzensgrund kommen und die jeder Grieche verstanden haben muß. Zweifellos wird Aphrodites Wesen auch in den vollendetsten ihrer Tempelstatuen sichtbar, dennoch waren die Statuen nicht imstande, die ganze persönliche Eigenart der Göttin wiederzugeben. Sie folgten einer typisierten Auffassung von Aphrodite, während Sapphos Gedicht von einem Individuum stammt, von einer großen Dichterin und von einer verliebten Frau.

Für den heutigen Leser muß man vielleicht ergänzen, daß *Peitho*, die Verführung, für die Griechen kein abstrakter Begriff, sondern eine göttliche Person war. Ebenso wie Eros war auch Peitho ursprünglich mehr als ein Geschöpf Aphrodites. Unter dem Namen Verführung war sie eine Unter-Gottheit und ein selbständiges Wesen. Vor Sappho ließ schon Hesiod sie anwesend sein, als Aphrodite an Land kam. Und in einem Gedichtfragment beschreibt Sappho diese Peitho als »Aphrodites goldglänzende Dienerin«. Es ist kein Zufall, daß Sappho Peitho erwähnt, denn sie und ihre Inselgefährtinnen huldigten sowohl Aphrodite als auch der Göttin der Verführung, die sie freilich oft zu einer Gestalt zusammenfügten.

Insgesamt wird Aphrodite, wie wir sie kennen, nicht aus Angst vor ihrer Rache verehrt, sondern wegen ihrer Sanftheit und Süße, und dieses Bild paßt auch besser zur Psychologie der Liebe. Wenn wir uns verlieben, erwarten wir ja nicht, daß uns dabei Grausamkeit widerfährt. Wir wehren uns gegen diesen Gedanken, bis es wirklich geschieht, und wir sind bereit zu vergessen, sobald der Schmerz vorüber ist. Auch Sappho schrieb ein Gedicht – seltsamerweise fand man es erst im vergangenen Jahrhundert in Ägypten, auf einer Tonscherbe, und leider ist es nur ein Fragment – über die besondere Süße der Aphrodite von den Blumen, *Aphrodite Antheia*, oder eigentlich über die Süße der Blumen, welche eine ihrer Tempelstätten umgeben:

*Das Wesen der Aphrodite*

*Komm hierher … zum weihevollen*
*Heiligtum! Da blüht ein Gehölz von leichten*
*Apfelbäumen, und auf Altären quillen*
*Wolken des Weihrauchs.*

*Kühle Wasser gehen gesangreich durch die*
*Apfelzweige, Rosen beschatten alle*
*Hänge, traumlos rieselt der Schlaf von ihren*
*bebenden Blättern.*

*überblüht von Blumen der Frühlingstage*
*sinkt die Trift ins Feuchte hinab, den Pferden*
*Nahrung gebend. Leise veratmet seinen*
*Ruch das Aniskraut.*

*Komm doch, Kypris, waltend an dieser Stätte!*
*Und im Gold der Krüge vermisch den Nektar*
*mit dem zarten Duften der Festesfreude!*
*Gib uns zu trinken!*

*Bild Seite 114: Toilette der Venus. Gemälde von Giorgio Vasari, um 1558.*

*Bild Seite 116: Die Toilette der Venus. Gemälde von François Boucher, 1751.*

*Bild Seite 117: Die Toilette der Venus. Gemälde von Peter Paul Rubens, 1613-1614.*

Übersetzer dieses Gedichtes sprechen gewöhnlich von einem Apfelgarten, von Apfelbäumen, aber ich nehme an, Sappho meinte einen heiligen Quittengarten. Die Quitte, an ihrer Oberfläche flaumig und hart, von scharfem Geschmack und zu betörendem Duft heranreifend, war Aphrodites spezielle Frucht.

Noch vor wenigen Jahrzehnten Jahren wurden um Sappho, die lesbische Liebe und die lesbische Leidenschaft, die uns in den betrüblicherweise so unvollkommen überlieferten Fragmenten ihrer Liebesdichtung begegnet, noch bizarre Diskussionen geführt.

Klassische Idealisten, die lieber nicht wissen wollten, »wo die flammende Sappho liebte und sang«, versuchten die Frauenliebe zu leugnen. Prüde Altertumswissenschaftler machten Sappho zur Vorsteherin eines Mädchenpensionats, die den jungen Damen aus Lesbos vor zweitausendfünfhundert Jahren gesellschaftlichen Schliff gab. In Wahrheit gibt es nicht die geringsten Beweise für die Existenz von Sapphos religiöser Gemeinschaft oder für Sappho als Lehrerin der Poesie.

Bis zum Ende bleibt Aphrodite die Göttin der Dichter und allen voran der Sappho, dieser »wollüstigen, liebeskranken Frau«, wie christliche Apologeten sie im zweiten Jahrhundert nannten, die den heidnischen Griechen vorhielten, diese Frau habe ihre eigene Wollust besungen, während ihre christlichen Mädchen Keuschheit übten und an ihren Spinnrädern edle und fromme Lieder anstimmten.

# DIE MÄDCHEN IM TEMPEL

## *Hetären und Heilige Dirnen*

Wegen seiner grammatikalischen Schönheit wird in Lateinbüchern gern der Satz angeführt: *non cuivis homini contingit adire Corinthum* (»Nicht jedermann gelangt nach Korinth«). Aber niemand erklärt den Schülern, weshalb es überhaupt so erstrebenswert war, nach Korinth zu gelangen. Der Grund waren die Freudenmädchen der Stadt, die Dirnen in den Bordellen am Hafen, die bessergestellten, aber nicht weniger habgierigen Hetären und schließlich die Tempeldienerinnen, die sich Aphrodite geweiht hatten.

Diese Tempelprostituierten waren vor allem im gewaltigen Steinmassiv der Akropolis von Korinth beheimatet, in einem der reichsten griechischen Tempel. Ehe Alexandria ihm den Rang ablief, war Korinth die Luxusstadt der hellenistischen Welt, und hier wie andernorts sahen die Prostituierten zu Aphrodite als zu ihrer speziellen Göttin auf. Sie war es, welche die Begierde weckte, und ohne Begierde gab es keine Kundschaft.

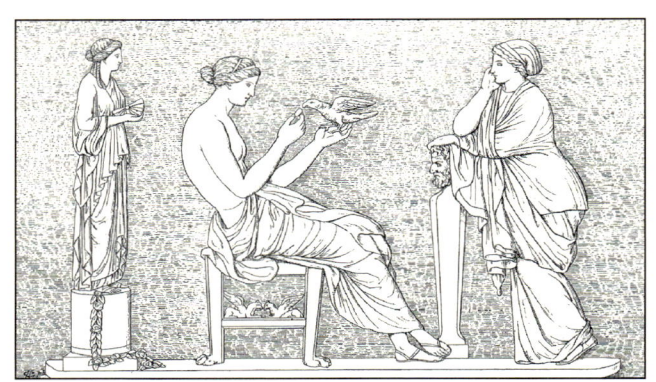

*Aphrodite als Kultidol auf einem antiken Relief.*

Wie jedermann weiß, stufte man in den griechischen Städten die *hetairai* höher ein als die Mädchen in den Freudenhäusern und an den Straßenecken. *Hetaira* bedeutet soviel wie gesellige Begleiterin, und das war eine freundliche Verbrämung für ein und dasselbe Gewerbe. Allgemein übersetzte man *hetaira* mit »Kurtisane«, was weniger hart klang als Hure oder Dirne und nicht so eindeutig und professionell wie unsere Bezeichnung Prostituierte.

*Hetairai* arbeiteten selbständig und ergänzten ihre Zugänglichkeit und ihr gutes Aussehen häufig durch eine gewisse Kultiviertheit und Allgemeinbildung. Wie die bekannten Dirnen der Weltgeschichte, kamen auch viele *hetairai* zu beträchtlichem Reichtum. Da Aphrodite die Göttin der körperlichen Liebe war, störte es die Griechen nicht, daß ihre berühmtesten *hetairai* für die größten Bilder und Statuen der Aphrodite Modell standen.

So war Phryne, die aus Thespia nach Athen gekommen war, das Modell für die splitternackte Statue, die ihr Liebhaber Praxiteles für den Aphrodite-Tempel der Hafenstadt Knidos an der asiatischen Küste Griechenlands schuf. Sie saß auch Apelles Modell für sein oft kopiertes Bild von Aphrodite, wie sie gerade aus dem Meer steigt und ihre Haare auswringt, so daß die Wassertropfen um ihren Körper einen Schleier weben. Sie war reich, und Praxiteles schenkte ihr zum Dank für ihren Körper seine

*Schlafende Venus auf Wolken. Gemälde von Simon Vouet.*

Eros-Statue, die sie wiederum ihrer Heimatstadt vermachte – ein Geschenk, das die Thespianer zu verweigern keinen Anlaß sahen.

Im griechischen Teil Italiens schenkte eine *hetaira* namens Polyarchis dem Aphrodite-Tempel ein Abbild der Göttin, das aus Holz geschnitzt und mit Gold verziert war, eine »goldene Aphrodite«, wie wir aus einem Epigramm der lokrischen Dichterin Nossis erfahren (Ende des vierten Jahrhunderts v. Chr.), die sich als Lokrische Sappho verstand:

*Kommt, wir treten zum Tempel und wollen der kyprischen Göttin*
*herrliches Standbild beschaun, wie es vom Golde erglänzt.*
*Polyarchis stiftete es; von des eigenen Leibes*
*Liebreiz erntete sie solch eine Fülle von Gut.*

Ein anderes Gedicht, das man dem Dichter Niarchos aus dem zweiten Jahrhundert v. Chr. zuschreibt, berichtet von einem Mädchen, das keine Lust mehr zum Spinnen und Weben verspürte und all der Pflichten überdrüssig war, mit denen sie die Blüte ihrer Jahre vergeudete. Vor der Tür ihres Hauses verbrannte sie allen Ballast und entschied sich für das süße Leben mit Musik und Girlanden. Sie wurde eine *hetaira*, und ihrer neuen Karriere gemäß rief sie Aphrodite an:

*Göttin aus Zypern, dir will ich den Zehnten*
*von allem überlassen, was ich verdiene,*
*gib mir nur Arbeit, und nimm von dem Lohne.*

Ein Versprechen, das gewiß noch von regelmäßigen Opfern unterstützt wurde!

Es gab auch Gedichte, in denen ehemalige Prostituierte die Utensilien des Liebesgewerbes in den Tempel brachten, um sie Aphrodite zu weihen – ähnlich wie der alte Fischer, der sein ausgedientes Handwerkszeug und seine Netze dem Priapos oder Hermes zum Geschenk machte.

Platon soll das Epigramm geschrieben haben, in dem Laïs, die schönste und gefeiertste *hetaira* von Korinth (deren Grabmal höchst passend mit einem Ornament ge-

*Il Parnasso. Mars und Venus. Gemälde von Andrea Mantegna, 1496.*

schmückt wurde, auf dem eine Löwin einen Bock verschlingt) ihren Beruf aufgibt, als sie ihre Schönheit schwinden sieht. Die schöne Laïs war aber nicht nur sehr attraktiv, sondern auch auf ihre Belohnung so scharf, daß ihr die »schmachtenden Jünglinge« den Beinamen »die Axt« gegeben hatten.

Die Griechen beteten Aphrodite zwar an. Sie kannten die Begierde und wußten, daß eine Dirne aufregend schön und anmutig sein kann und daß zur Göttin der Liebe keine Heuchelei paßt, aber sie sahen vermutlich die verführerischen Liebesdienerinnen in einem griechischen Tempel nicht gern. Zwar verehrten die Griechen in Athen eine *Aphrodite Hetaira* und in Abydos auf dem Hellespont eine *Aphrodite Porne*, eine Aphrodite der Dirnen. Zwar sprachen sie von der Aphrodite der Leibesöffnung, von der Aphrodite des schönen Hinterteils (wie in Syracus), von der Aphrodite des Kopulierens, von der reitenden oder der sich öffnenden Aphrodite. Wenn sie aber nach Korinth kamen, um der Göttin zu huldigen, ihr Geld zu bezahlen und sich an den Mädchen zu ergötzen, dann blieb ihnen doch immer bewußt, daß die Tempelprostitution ein fremder Brauch war, der aus dem Osten kam.

Sie wußten, daß es die Tempelprostitution auch auf Zypern gab, jener reizvollen Insel auf halbem Weg zwischen Griechenland und der Levante. Sie wußten, daß sie in diesem Teil des Mittelmeers zum Kult der phönikischen Astarte gehörte. Doch zu ihrem griechischen Maß aller Dinge paßte sie nicht; sie blieb eine exotische Ausschweifung. Die Tempeldienerinnen werden zwar von verschiedenen griechischen Autoren erwähnt, aber sie gehen dabei nie ins Detail.

# Von Sumer nach Korinth

Die sakrale Prostitution reicht weit zurück in die semitische Religion, zu den Tempeln der Assyrer und Babylonier, und zu den Sumerern.

Götter brauchen die Dienste von Menschen. Die Menschen und alles Lebendige brauchen Fruchtbarkeit. Der Mensch war abhängig vom Regen, vom fließenden Wasser, vom Gedeihen der Ernte, von den Früchten, die reiften, von Rindern, Ziegen, Schafen und wilden Tieren, die ihre Art mehrten. Enlil und Innana bei den Sumerern, Tammuz und Ischtar bei den Babyloniern und Assyrern, Baal und Astarte bei den Phönikern vereinigten sich, um neues Leben zu schaffen. Ihre Paarung wurde nachvollzogen von Götter-Königen

*Venus und Amor vor dem Schloß der Liebe. Gemälde der holländischen Schule, nach 1603.*

und Hohepriesterinnen in der heiligen Hochzeit, in den Tempeln der Innana, dann der Ischtar, dann der Astarte.

Die Götter waren entzückt. Alles, was auf diese analoge Art und Weise Überfluß und Fruchtbarkeit versprach, wurde von ihnen begünstigt. Aber die heilige Vereinigung ging noch weiter. Man brachte in Massen Männer mit Mädchen zusammen, die der Innana, Ischtar oder Astarte geweiht waren. Auch solche Akte von nicht nur ritueller Bedeutung gefielen der Göttin und ihrem Gemahl und lösten durch Analogiezauber entsprechende Vorgänge in der Natur aus. So gab es heilige Berufsdirnen und heilige Amateurdirnen. In den Tempeln benutzten die Berufsmäßigen die oberen, mit Fenstern versehenen Räume und ließen sich von kastrierten Tempelpriestern bedienen. Im Metropolitan Museum in New York steht eine phönikische Elfenbeinschnitzerei, ein Mädchen darstellend, das aus einem Tempelfenster sieht, über Säulen hinweg, die in Lotosblumen enden. Im Louvre gibt es das Terrakotta-Modell eines Aphrodite-Tempels in Idalion, aus dessen Fenster ebenfalls die Mädchen hinausschauen.

Nach dem, was Herodot im fünften Jahrhundert v. Chr. von einem babylonischen Ischtar-Tempel berichtet, könnten die Berufsdirnen frühere, umfassendere Riten fortgesetzt haben. Einmal in ihrem Leben, vermutlich zu speziellen und bedeutungsvollen Festtagen, mußte jede Frau, ob arm oder reich, zu diesem Tempel der Göttin der Liebe und des Überflusses hinaufsteigen und sich dort niedersetzen, ein Band um den Kopf gewunden, bis sie früher oder später – später, wenn sie nicht so ansehnlich war – von einem Mann erwählt wurde. Der Mann warf eine Silbermünze in ihren Schoß und forderte »im Namen der Göttin« die Hingabe des Mädchens. Die Silbermünze nahm Ischtar, der Mann nahm an Ort und Stelle das Mädchen.

Indem sie sich dem Fremden hingab, erfüllte die Frau ihre Pflicht gegen die Göttin. Dann kehrte sie, sexuell erschlossen, nach Hause zurück.

*Die Mädchen im Tempel*

127

Diese Art Fest im Tempel der Göttin fand wahrscheinlich einmal im Jahr statt, im Frühling, und schien an verschiedenen Orten übernommen worden zu sein, in Gestalt der heiligen Tempeldienerinnen am Fenster. Herodot gibt darüber nicht eindeutig Auskunft, aber die Situation, wie er sie in Babylon beschreibt, erinnert an ein solches Tempelfest. Er erwähnt, daß dergleichen auch in Zypern praktiziert wurde: in Paphos, beim großen Heiligtum der Astarte, möglicherweise als Hauptbestandteil eines jährlichen Festes, bei dem die Pilger in lyrischer Prozession vom Hafen Nea Paphos heraufkamen.

Was waren das für Männer, die ihre Wahl trafen, eine Silbermünze warfen und Mädchen niederlegten, um »den Busen ihrer Jungfrauschaft zu betasten«, wie der Prophet Hesekiel in hebräischer Empörung schrieb?

Waren die Männer nur theoretisch Fremde? Junge, schöne, begehrenswerte junge Männer, Reiter auf Pferden? Waren sie brutal oder wählerisch? Durfte ein Mädchen sich weigern, wenn der falsche Mann sie erwählte?

Mag es unsere Vorstellungskraft überfordern, wie solch ein Brauch sich gestaltete, so war diese sakramentale Einführung in den Liebesakt vielleicht weniger beängstigend für jene Mädchen, die sie als etwas Normales und Unumgängliches anzunehmen gelernt hatten. Und war diese Art wirklich schlimmer oder verletzender als die legitimierte Notzucht, zu der im Laufe der Geschichte die Hochzeitsnacht ausartete?

Natürlich war ihr großer Tempel in Paphos nicht der einzige Ort, wo Aphrodite bei Festlichkeiten von Mädchen oder von Tempelfrauen gedient wurde, die mit den Gläubigen schliefen. Der kleine irdene

Schrein im Louvre zeugt davon, daß sie auch in Idalion anwesend waren. Wenn man Strabo glauben darf, waren sie die Attraktion jenes Aphrodite-Tempels, der einst am äußersten östlichen Ende von Zypern auf einer Felsspitze stand. Es ist ein windiges, schattenloses, einsames Heiligtum, das in den Reiseführern wenig Erwähnung findet, obwohl es auf seine Art schön oder zumindest eindrucksvoll genug ist. Nähert man sich von der Südküste auf einem Weg durch die paradiesische Insellandschaft, durch weite Felder, Hügel, Blumen, Wälder, Sand und blaue Buchten, so ist er vor allem im Frühling ein Symbol des göttlichen, üppigen, wiedergeborenen Wachstums.

*Das Liebesfest. Gemälde von Antoine Watteau.*

Strabo merkt an, daß der Tempel nicht von Frauen besucht werden durfte, womit offenbar verheiratete Frauen gemeint sind. Das kann man als Hinweis darauf deuten, daß der Tempel nur von jungfräulichen Mädchen besucht werden durfte, die mit dem Aufenthalt den gleichen Zweck verfolgten wie die Mädchen in Paphos.

Die Griechen sahen Zypern so ähnlich, wie die Nordeuropäer im sechzehnten oder siebzehnten Jahrhundert Venedig oder Florenz sahen. In Venedig oder Florenz gab es damals die raffiniertesten und elegantesten Dirnen der Welt. Wer genug Geld hatte, konnte sich von einem Tizian ein Gemälde einer nackten Schönheit anfertigen lassen, die als Liebesgöttin auf dem Bett lag. Auf Zypern, jener reichen entlegenen Insel, gab es Rosen, Aphrodite und Mädchen. Dort wurden Wünsche auf Arten erfüllt, die überaus reizvoll sein mochten, für den Hausgebrauch jedoch weniger taugten und auch nicht in die griechische Auffassung vom Maßhalten in Leben und Religion paßten.

Korinth war die große Ausnahme. Korinths Aphrodite-Tempel, besonders der auf dem höchsten Punkt von Akrokorinth, waren in Griechenland selbst mit Gewißheit die einzigen, in denen Aphrodite Tempelmädchen besaß. Die Begründung dieses Kults geht vermutlich auf phönikische Kaufleute oder auf mykenische Siedler in Zypern zurück, die mit ihrem Ursprungsland Handel trieben.

## Korinth und Lokri

Eine weniger beachtete Ausnahme gab es in einer griechischen Kolonie. In Lokroi Epizephyrioi (Lokris), der Stadt der Liebesdichterin Nossis, in Magna Graecia, der süditalienischen Küstenkolonie Griechenlands, scheint es Dirnentempel gegeben zu haben. Sowohl im Aphrodite-Tempel von Lokri als auch in den Tempeln in Korinth und auf Zypern kannte man die sakrale Prostitution. Möglicherweise wollten die Lokrer damit Korinth imitieren. Lokri befindet sich fast gegenüber dem Golf von Korinth, also genau am Handelsweg zwischen Korinth und Italien. Aber da Lokri kaum vor 700 v. Chr. gegründet wurde, konnte auch die heilige Prostitution dort nicht sehr alt sein, es sei denn, die Lokrer übernahmen einen Kult, der bereits älteren Ursprungs war.

*Tempelanlage auf Korinth.*

*Die Mädchen im Tempel*

131

Die Tempelprostitution in Korinth florierte wohl vor allem wegen der günstigen Lage Korinths am geschützten Seeweg zwischen Ost und West (und der engen Landverbindung zwischen Nord und Süd). So nahm Korinth eine merkantile Sonderstellung ein. Die Mädchen, die in dem luftigen Sakral-Bordell von Akrokorinth dienten, waren zahlreich und für ihre Schönheit berühmt. Reiche Korinther kauften gern auf dem Sklavenmarkt Mädchen, um sie Aphrodite zu weihen. Zufällig gibt es auch darüber ein Gedicht, das auf Grund einer Mädchen-Schenkung an die korinthische Aphrodite entstand. Der große Pindar schrieb es 464 v. Chr. für einen

*Das Venusfest. Gemälde von Peter Paul Rubens, ca. 1630-1637.*

korinthischen Athleten namens Xenophon, der Aphrodite nicht weniger als hundert Mädchen versprochen hatte, sollte er bei den Olympischen Spielen den Sieg davontragen. Nach seinem Sieg erwarb er die Mädchen, brachte sie zum Tempel hinauf, und während sie tanzten, wurden vor Aphrodites Statue die hochfliegenden Verse Pindars gesungen.

Wie mochten die Mädchen darüber denken? Vielleicht hielten sie diese Mischung aus Religion und Poesie für baren Unsinn, aber gewiß zogen sie die Aufgaben einer Tempeldirne oben auf dem Felsen der Sklavenarbeit in einem der Stadthäuser vor.

Die Besucher aus Korinth und von auswärts machten sich zweifellos mehr Gedanken über das Äußere und die Fähigkeiten der Mädchen als über Aphrodites Fruchtbarkeitskult, den Pindar sich vorgestellt haben mag. Die Mädchen mußten aber nicht nur ihre Kunden unterhalten, sie hatten noch weitere Pflichten. Sie sollen an rituellen Prozessionen teilgenommen haben und an zeremoniellen Gebeten zu Aphrodite. Aphrodite war die Göttin der ganz persönlichen Belange, sie schürte oder stillte das Verlangen – unter gewöhnlichen Liebespaaren wie unter Päderasten oder Lesbierinnen (eine Liebe, die von den Griechen durchaus ernst genommen wurde) oder unter den Geschöpfen der Natur. Und konnte sie, die aus dem Meer Geborene, nicht auch die Wogen stillen? Es lohnte sich wohl, sie um Beistand zu bitten.

Daher kann man sich ausmalen, wie die Besucher, die aus dem Tempel von Akrokorinth kamen, die beiden unwirklich blauen Buchten zu ihren Füßen betrachteten und sich sagten, daß sie ihr Geld ebenso sinnvoll wie angenehm ausgegeben hatten. Die Göttin hatte ihren Tribut erhalten. Nun würden sie heil nach Hause zurückgelangen.

# APHRODITE UND DAS MEER

## *Tempel an der Küste*

Aphrodites Tempel wurden häufig auf gefährlichen Höhen über dem Meer errichtet, und ihre Tempelstatuen – jedenfalls die hellenistischen – zeigen sie oft nackt mit einem Delphin.

Damit wies sie sich auch als Schutzgöttin der Seefahrer aus. In Aphrodites Monat April begann die Jahreszeit der großen Reisen, und die griechischen Schiffe kreuzten wieder in der Ägäis, in der Adria, im Ionischen Meer, im Mittelmeer und besuchten (wenn sie die gefahrvollen Klippen des Hellespont und des Bosporus hinter sich hatten) auch die Küsten des Schwarzen Meeres, während Kapitäne, Mannschaften und Passagiere gleichermaßen hofften, daß Aphrodite Stürme und Wogen im Zaum halten möge.

Das war *Aphrodite Euploia*, »Aphrodite der guten Schiffahrt«, *Aphrodite Galenaia*, »Aphrodite der ruhigen Winde«, *Aphrodite Pelagaia*, »Aphrodite des Ozeans«. Und

auch dies war eine Rolle, die sie von ihren unmittelbaren orientalischen Vorfahren übernahm. Für die Griechen war es eine annehmbarere Vorstellung als die geweihten Tempeldirnen, annehmbarer und letztlich auch nützlicher, zusätzlich noch unterstützt und bekräftigt durch die Geschichte von der Meeresgeburt. In ihren Tempeln

*Triumph der Venus. Gemälde von Sebastiano Ricci, nach 1715.*

auf der Burg von Korinth oder Eryx war Aphrodite die Liebesgöttin, aber auch die Göttin der Städte und die Göttin des Meeres, wie in ihrer orientalischen Vergangenheit. Und ihre hohen Säulenhallen waren ein tröstlicher Anblick für Seefahrer, die den Saronischen Golf oder den Golf von Korinth hinaufkamen und die Spitze Siziliens umfuhren.

Ein Tempel an glanzvoller Stätte thronte über Knidos in Kleinasien, auf einer luftigen Terrasse über den beiden Häfen der Stadt. Es war der Tempel jener berühmten unbekleideten Aphrodite des Praxiteles, für die Phryne Modell gestanden haben soll. Der älteste und heiligste aller ihrer Tempel in Griechenland stand auf der felsigen, ziemlich unwirtlichen Insel Kythera vor der Ostspitze des Peloponnes. Er war so hoch auf einer Berg- oder Hügelterrasse gelegen, daß jedes Handelsschiff aus Libyen oder Ägypten oder von der phönikischen Küste, das in den darunterliegenden Hafen von Skandeia einfuhr, ihn sehen konnte.

Auch auf Zypern blickten mehrere Aphrodite-Tempel von exponierten Standorten aufs Meer hinaus. Paphos, ihr ursprünglichstes und größtes Heiligtum, ist in dieser Hinsicht allerdings weniger eindrucksvoll. Die Anhöhe, auf der sich der Tempel befand, ist weder sehr steil noch sonderlich hoch. Das windgepeitschte Meer in anderthalb Meilen Entfernung ist allerdings auch von hier gut zu sehen.

Am Rande der Ebene von Larnaka, acht Meilen landeinwärts, gab es einen Aphrodite-Tempel, dessen Lage ungeheuer imposant war. Diesen Tempel hatten seine Erbauer auf einem blauen Berg namens Stavrovouni errichtet, der heute von einem nicht sehr eindrucksvollen Kloster gekrönt wird.

Aus jeder Richtung und vom Mittelmeer aus die Blicke auf sich lenkend, ist Stravrovouni das blaue Symbol und der blaue Zeuge von Aphrodites ehemaliger Herrschaft über die Insel.

Der düstere Tempel, von dem ich im letzten Kapitel sprach, das Heiligtum an der Ostspitze Zyperns, ist kleiner, vermittelt aber mehr Wissen über Aphrodite und ihr Verhältnis zum Meer. Dieser Tempel war wohl weder besonders reich noch besonders groß auf seinem beengten Felsenplatz, von dem aus man ostwärts Syrien erkennt,

*Triumph der Venus. Gemälde von François Boucher, 1740.*

aber er erinnert an ein anderes, etwas doppeldeutiges Attribut Aphrodites, das sie den Seefahrern verdankt. Wie Euploia, Galenaia und Pelagaia, wurde Aphrodite auch Akraia genannt. Die Akraia ist ein erhöhter Platz wie etwa die Akropolis, aber auch eine Landspitze, ein Vorgebirge. Das äußerste Ende Zyperns, das in Felsen und kleine Inseln ausläuft und den Stürmen aus Nord und Süd ausgesetzt ist, war außerordentlich gefährlich. Von ihrem hohen Plateau aus blickte Aphrodite hinab auf die vorbeigleitenden Schiffe und die Schiffe in Not, ganz die Wächterin oder »Herrin der Brandung«, wie sie in einem griechischen Gedicht genannt wird.

Hier wird Zypern zu einer flachen, steinigen Landzunge, einer Wildnis voller Gestrüpp, die nur zweihundert Meter breit ist. Ein einzelner Hügel, ein einsamer grasüberwucherter Felsquader ragt daraus hervor, auf dem der Tempel erbaut wurde.

*Szene aus dem Film „Aphrodite" mit Valerie Kaprisky (nach dem Roman von Pierre Louys), 1981.*

Um den richtigen Zypern-Blick zu bekommen, muß man zu der Plattform emporklettern. Wenn ein klarer Tag ist, sieht man vom Kap Andreas aus über und zwischen Antiochia und Ras Schamra den kahlen Berg Jebel-el-Aqra, den heiligen Berg Kasios der Griechen, den heiligen Berg Sapan der Syrer, auf dem sich Astarte und Baal und die übrigen kanaanitischen Gottheiten versammelten. Wie er da in der Ferne liegt, erinnert er ein wenig an ein unbewegliches Schiff, ein winziger schwarzer Fleck am Horizont. Reisende, die auf ihrem Weg nach Seleukeia Pieria, dem Hafen von Antiochia, oder nach Tarsos dieses gefährliche Kap umschifften, mochten emporgeschaut haben zu den weißen Säulen des Tempels und vielleicht auch einen Blick erhascht haben von der nackten Aphrodite-Statue.

Der Tempel erfüllte hier die Funktion eines religiösen Leuchtturms, der mit dem Licht der Göttin die Wellen im Zaum hielt. Wer weiß, ob sie nicht immer noch dort ist und in der Tiefe des Meeres auf einen Taucher wartet, weil ein paar frühchrist-

liche Eiferer sie in ihrer Empörung an den Rand der Klippen getragen und in die Tiefe gestürzt haben.

Natürlich sahen die Griechen keinen bloßen Zufall darin, daß Aphrodite einerseits Liebesgöttin, andererseits aber die Beschützerin der Seefahrer war. Sie waren der Ansicht, daß die Göttin, erwies man ihr die gebührende Ehre, eine glückliche Fahrt sowohl über die launischen Wogen der Liebe als auch durch die Gefahrenzonen des Mittelmeers schenkte.

## Der heilige Delphin

Der Delphin wurde als heiliger Bewohner der griechischen Meere verehrt. Er war der König der Fische, das Lieblingstier des Meergottes Poseidon, denn es waren Delphine, die das Versteck in der Tiefe entdeckten, wo Amphitryte sich vor ihm verbarg, als er sie zur Frau begehrte. Auf Kreta wurde Apollon als Delphingott verehrt. Die zweite an Apollon gerichtete *Homerische Hymne* berichtet, wie Apollon in Gestalt eines riesigen, um sich schlagenden Delphins auf ein kretisches Handelsschiff sprang, als

*Kauernde Aphrodite mit Eros und einem Delphin. Römische Adaptation eines griechisch-hellenistischen Werkes.*

jenes sich auf dem Weg von Pylos zur Südwestspitze des Peloponnes befand. Der große Delphin ließ sich nicht vertreiben, seine Flossenschläge ließen das Schiff vom Bug bis zum Heck erzittern.

Das Schiff gehorchte dem Ruder nicht mehr und wurde vorbei an der sandigen Bucht von Pylos und den Felsenküsten des Peleponnes nach Norden getrieben. Dann drehte der Wind von Süd auf West, und das Schiff trieb in den Golf von Korinth, bis es endlich bei Krisa auf sandigen Grund ging, unterhalb des Parnassos, auf dessen Hängen sich Apollon einen neuen Tempel errichtet hatte. Daraufhin nahm Apollon wieder seine göttliche Gestalt an und gebot den Kretern, diesem neuen, delphischen Tempel zu dienen. Der Name Delphi leitet sich daher in der Volksetymologie aus dem Wort Delphin her.

An den östlichen Mittelmeerküsten wurde der Delphin allenthalben mit der phönikischen Astarte in Verbindung gebracht. Die Vorstellung paßte zur Aphrodite des glücklichen Reisens; zu Füßen ihrer Statuen wand sich häufig ein geschnäbeltes, lachsgesichtiges Marmorgeschöpf, manchmal von Aphrodites mutwilligem Kind Eros geritten oder von Blüten und Blättern der Lotosblume der heiligen Wasserlilie umgeben.

Der Delphin war eine Kreatur der günstigen Witterung. Jedem Seemann, jedem Kaufmann, jedem Reisenden in den Gewässern des Mittelmeeres und der Ägäis war der Anblick von Delphinen vertraut. Sie begegneten ganzen Delphin-Familien, die um und unter ihre Schiffe schwammen, Rennen veranstalteten, aus dem Meer auf- und untertauchten, emporsprangen und sich klatschend auf die Oberfläche fallen ließen.

Eine Meereskreatur der Fröhlichkeit und der Tugenden also. Die Griechen wußten, daß Delphine vorbildliche Eltern waren und daß die Delphinmütter ihre Jungen

*Die Geburt der Venus. Gemälde von Adolphe William Bouguereau.*

mit köstlicher Milch säugten. Es gibt ein etymologisches Bindeglied zwischen dem Wort Delphin und dem Wort *delphus* (Mutterschoß), was erklären könnte, warum der Delphin Aphrodites Tier ist.

Der Delphin ist ein »Fisch«, der lebendige Junge zur Welt bringt, der kopuliert und trägt wie ein Säugetier, eine warme Kreatur der Liebe im Königreich des Meeres. Jeder Grieche wußte, daß Delphine Musik liebten und sich gegenüber Menschen, die in Not waren, freundlich verhielten.

Aphrodites Delphin ist eine Erweiterung ihrer göttlichen Persönlichkeit und ein Symbol für das ruhige Meer, so ruhig wie ihre sanftmütigen Trauben. Dieses freundliche, edle, musikalische Tier, Diener der höchsten Götter, verkörpert Rettung und Sicherheit. Das Schiff, das auf seiner Fahrt zum Nil oder zu den Säulen des Herkules in Not geriet, hoffte, symbolisch gesprochen, auf den rettenden Delphin. Denn sobald die Delphine auftauchten, bestand Aussicht, daß die Wellen sich legten.

*Aphrodite mit ihrem Delphin.*

# APHRODITES TEMPEL

## *Zerstörung und Veränderung*

In Griechenland und in den griechischen Siedlerstädten ist von den größeren oder kleineren Tempeln der Aphrodite nicht viel übriggeblieben. Das übliche Los ereilte ihre Heiligtümer: der schleichende Ruin der Zeit, Erdbeben, Nutzung als Steinbruch für andere Bauten.

Der vornehme Tempel des fünften Jahrhunderts in Segesta auf Sizilien mag ebenso der ihre gewesen sein wie jener auf dem nicht weit davon entfernten Berg Eryx. Es ist eine Anlage aus Säulen, die nie ein Dach zu tragen hatten und nie einen Innenraum umschlossen, um eine Statue ihres Gottes oder ihrer Göttin zu beherbergen. Es könnte also sein, daß hier nach klassischem Vorbild Aphrodite im Freien

*Im Venusberg. Gemälde von John Collier, 1901.*
*Die Verführung des Sängers und Ritters durch Venus gehört zur Mythologie des Mittelalters.*

gehuldigt wurde, ähnlich wie in Eryx und Paphos. Aber es gibt keinen Beweis dafür, daß der Tempel Aphrodite geweiht war.

Von anderen Göttern sind großartige, heitere Tempel erhalten: Athenes Parthenon, der Apollon-Tempel in Bassai, der Aphaia-Tempel in den Perthainen Aeginas, der Hera-Tempel in Paestum, der Tempel des Zeus in Agrigent, wo Empedokles gelebt hat.

Von Aphrodite ist kein einziges Heiligtum dieser Vollkommenheit und Schönheit erhalten. Für das Verschwinden ihrer Tempel sind die Engstirnigkeit und das Eifertum der frühen Christen ebenso verantwortlich zu machen wie die unvermeidlichen zerstörerischen Kräfte der Natur.

Clemens von Alexandria (ca. 150–215 n. Chr.) blickte hämisch auf Tempel, die durch widrige Umstände zerstört worden waren. Er weidete sich an der Vernichtung der Statuen von Göttern und Göttinnen, verdienten sie doch kein besseres Schicksal. Besonderen Abscheu aber hegte er gegen Aphrodite und ihre »lüsternen Orgien«. Diese »verkommene kleine Kupplerin« habe Helena verführt, mit Paris durchzubrennen, Huren und Freudenmädchen hätten für die Statuen dieser Göttin das Modell abgegeben. »Eurem Urteil muß ich es überlassen«, wettert Clemens in selbstgerechter Entrüstung, »ob ihr fortfahren wollt, euch vor Huren in den Staub zu werfen«.

Es mußten jedoch zwei weitere heidnische Jahrhunderte ins Land gehen, bevor 424 n. Chr. unter Konstantin dem Großen das Christentum den Sieg davontrug. Auch Konstantin urteilte streng über Aphrodite, so daß womöglich zu seiner

*Venus-Tempel in der Villa des Hadrian, Tivoli bei Rom.*

und zu späterer Zeit noch mehr Aphrodite-Tempel absichtlich zerstört wurden, als uns bekannt ist. Der Kaiser, Herrscher über Ost und West, verbot die alte Religion nicht, aber er mißbilligte sie und konfiszierte die Gold- und Silberschätze der großen Tempel, um davon in seiner Stadt Konstantinopel christliche Kirchen zu bauen. Zwei Aphrodite-Tempel, zwei Heiligtümer der Atargatis-Aphrodite, wo noch die sakrale Prostitution ausgeübt wurde, ließ er mit Gewißheit einreißen. Es waren zwei Heiligtümer, die sich bei aller Hellenisierung und Graeco-Romanisierung doch im Orient befanden und den syrisch-phönikischen Göttern Baal und Astarte gehörten. Eines davon stand in Heliopolis (Baalbek) im Libanon, wo man die drei Gottheiten Zeus, Aphrodite und Hermes verehrte. Das andere, auf der Mittelmeerseite des Libanon, oben an der Schneegrenze, etwa dreißig Meilen von der Küstenstadt Byblos landeinwärts, war kein geringerer als der Tempel von Aphaka.

Von allen Aphrodite-Stätten ist dies die imposanteste Mischung aus Reichtum und Wildnis, Felsen, Wasser und Vegetation. Strahlendes Licht und das unvergleichliche Farbenspiel von Höhen und Tiefen, die mit Urgewalt herabstürzenden Wassermassen und der Mutterschoß der Erde, aus dem sie herausbrechen, bilden eine Landschaft, die den Mythos von Aphrodite und Adonis und seinem gewaltsamen Tod durch den wilden Eber zugleich bewahrt und vollendet.

Der Weg von Jebail zu den Kalksteinhängen über dem Wasserschlund und unter den Kuppen des Libanon windet sich aufwärts durch eine üppige Landschaft von stufenförmig angelegten Weinbergen, Maulbeerbäumen und ausladenden Olivenhainen mit uralten Stämmen. Der Schnee ist geschmolzen, die Quellen sind frei, die Frühlingsblumen blühen, unter ihnen die Alpenveilchen und die strahlenden Anemonen des Adonis. Der Weg führt steil hinauf und fällt dann zu der Höhle, zu einer Brücke und den Überresten eines Tempels herab, dessen Gebäude Konstantins

Soldaten zerstörten oder zumindest entweihten. Im Kalkstein öffnet sich die Höhle. Tröstlich und erfrischend der Klang der Wassermassen, die aus der Höhle und aus Felsspalten zu beiden Seiten herabstürzen.

Die Art, wie die Überreste dieses Tempels der Aphrodite in eine Richtung aufeinandergestürzt sind, läßt daran denken, daß Konstantins Zerstörungswerk durch ein späteres Erdbeben vollendet wurde. Eusebios sagt in seinem *Leben des Konstantin*, sein Kaiser habe die Vernichtung heidnischer Tempel betrieben, indem er sie ihrer Schätze und ihrer Mysterien beraubte. Türen wurden herausgerissen und das Dach abgetragen, so daß der Tempel, aus dem man die Statuen mit Seilen herausgezerrt hatte, allen Witterungseinflüssen ausgesetzt war.

In Baalbek, zwanzig Meilen entfernt auf der anderen Seite des Libanon, stehen noch zwanzig aufrechte Säulen von Aphrodites großem Tempel. Dionysische Szenen treten klar und deutlich aus dem Stein hervor, was das erst in jüngerer Zeit aufgekommene Mißverständnis auslöste, es handle sich um einen Tempel des Dionysos oder Bacchus, der als Erzeuger des bizarren Aphroditesprößlings Priapos mit der Göttin in Verbindung gebracht wird.

Zweifellos waren zuvor schon andere Aphrodite-Tempel von den christlichen Eiferern und ihrem Fanatismus zerstört worden. Die ersten Christen waren schlimmer als die Bilderstürmer späterer Jahrhunderte, die Abteien und Kathedralen heimsuchten und die Glasmalereien von Heiligen in Trümmer schlugen. Aber selbst unter solchen Umständen pflegen heilige Stätten und Bauwerke etwas von ihrer sakralen Würde zu bewahren, als übernähme der Gott der neuen Religion das Erbe der alten Götter. Es

*Aphrodisias, Tetrapylon. Aphrodisias, in der Ägäis-Region der heutigen Türkei gelegen, erlebte seine Blütezeit als hellenistische Stadt unter römischer und byzantinischer Herrschaft.*

gab Tempel von Aphrodite und anderen Göttern, die in christliche Kirchen umgewandelt wurden; oft baute man christliche Kirchen auf den verbliebenen Resten der Tempel oder neben ihren Ruinen. In Heliopolis zum Beispiel wurde aus einem zweiten, kleineren Aphrodite-Tempel eine Kirche der Heiligen Barbara. In Karia, Kleinasien, nördlich von der Insel Rhodos, wurde Aphrodites Tempel, der in ihrer wohlhabenden Stadt Aphrodisias stand, in eine christliche Basilika umgebaut, wobei auch die Säulen des Tempels benutzt wurden, von denen zwölf bis heute noch stehen.

Auch in Griechenland selbst wurden mehrere Aphrodite-Tempel in christliche Kirchen umgewandelt. Am Hymettos zum Beispiel, gleich außerhalb von Athen, verehrte man Aphrodite an der Quelle des Ilissos, und ihr Tempel, der sich nahe bei dem Kloster Kaisariana befindet, wurde im fünften Jahrhundert durch eine Basilika ersetzt.

Viele Plätze, an denen einst ein Aphrodite-Tempel stand, scheinen sich durch eine besonders reizvolle Umgebung und Atmosphäre auszuzeichnen. Man sollte sich davon aber nicht täuschen lassen. Solche Stätten, die uns heute mit ihrem einsamen Reiz bezaubern, waren vermutlich einst laut und belebt. Die griechische Landschaft aber besitzt nun einmal eine unvergleichlich sanfte Schönheit, und die Griechen verstanden ihre Bauwerke dieser Landschaft anzupassen, wohl ohne den Symbolgehalt der jeweiligen Umgebung bewußt einzubeziehen. Die Entscheidung, einen Aphrodite-Tempel auf diesen Hügel oder jene Landzunge zu stellen, hing häufig von den Gegebenheiten der Städte und Wasserwege ab, die man Aphrodite anempfahl. In jedem Fall war es nur natürlich und logisch, einen Tempel auf einem herausragenden, freistehenden Berghügel anzusiedeln. Eine hochstehende Gottheit gehört an einen exponierten Platz. War ein Hügel schon an sich Sammelpunkt religiöser Ehrfurcht, so mußte der Bau eines Tempels oder einer Kirche ihn krönen.

# Die Wohnung der Göttin

Die Götter unterschieden sich mehr voneinander als ihre Tempel. Groß oder klein, in der Stadt oder auf dem Land, war der Tempel das Haus, in dem man sich den Gott als lebendigen Bewohner dachte, manifestiert in der Gestalt einer Statue. Wichtigstes und schlichtestes Element des Tempels war die Halle, das Innere, das *naos* (ein Wort, das vom griechischen *naiein = wohnen, bewohnen* abstammt), wo sich das Standbild der angebeteten Gottheit befand. Man betrat das *naos* von Osten her, durch eine säulengetragene Vorhalle und durch eine Tür. In den bedeutenderen Tempelbauten waren das schwere Bronzetüren oder Gitter.

Wenn die Türen offenstanden, strömte – gedämpft durch den Säulenvorbau, das überragende Dach und die Decke – genügend Licht herein, um die Statue an der Rückwand des *naos* zu erkennen. Um diese »Behausung« lief, wenn der Tempel nicht nur ein einfacher Schrein war, ein Rechteck aus weißen, unbemalten Säulen, welche die Decke und das Dach trugen und eine schattige Veranda bildeten.

Das wichtigste Element, der rechteckige oder ovale Steinaltar, stand in der Regel im Freien, vor der Vorhalle und den Stufen, die hinaufführten. Um Altar, Tempel und Statue aber erstreckte sich die heilige Domäne des Gottes, sein *temenos*, das ihn von der Außenwelt abschirmte. Ehe

*Tempel der Venus. Paestum, Italien.*

der Besucher aus seiner profanen Welt in das *temenos* vordringen durfte, mußte er seinen Geist reinigen. Zum Zeichen der Läuterung goß ein Tempelwächter Wasser über seine Hände.

Es muß eine faszinierende Szenerie gewesen sein: Die Jugendlichen von Knidos, von Vorfreude beschwingt, steigen an einem strahlenden Festtagsmorgen zum *temenos* empor; sie werden geläutert, betreten den Tempel, nähern sich dem Altar. Paarweise bringen sie am Altar ihre Opfergaben dar, der Tempel, die Göttin, die Festteilnehmer, jeder bekommt seinen Anteil. Der süße Duft von Weihrauch erstickt die Verbrennungsgerüche. Die Gäste des heiligen Festes trinken etwas von dem Wein, den sie Aphrodite mitbrachten. Sie betreten die »Kammer« der Göttin, lassen sich vom Anblick der nackten Praxiteles-Aphrodite inspirieren, die mit einer Hand ihre Scham bedeckt. Dann begeben sie sich aus der Hitze in den kühlen Schatten der hohen Zypressen, die ebenfalls Duft verströmen, und der mächtigen alten Platanenbäume, und sie tun in diesem Garten der Fruchtbarkeit, was die Göttin ihnen empfiehlt.

Kein Wunder, daß Clemens und andere Kirchenväter so viel gegen Aphrodite einzuwenden hatten! Hier ging es doch nicht nur um mystische Liebesvereinigung oder die sakrale Prostitution in Korinth oder Eryx oder in den zyprischen und phönikischen Tempeln. Aphrodite befahl dem Volk: Geht hin und liebt euch – und sie gingen.

*Das Liebesfest. Gemälde von Antoine Watteau, um 1717 (Gesamtansicht auf Seite 128).*

Aphrodites Tempel

153

# OPFER

Ruinen werden mit der Zeit rein bzw. in den Ruinen wird die Vergangenheit gewissermaßen desinfiziert. Unsere Vorstellungskraft und unsere Träume von der Antike veredeln das Original, dessen romantische Zeugen die Ruinen sind. Aber wenn wir in die Vergangenheit reisen und von einem realen Morgen in einen schwülen Mittag hinübergleiten, machen wir die seltsame Erfahrung, daß längst verwehte Düfte und Gerüche sehr gegenwärtig sein können.

Solche Erfahrungen sind übertragbar auf erhabene Tempelruinen, auf die exakt gezeichneten Rekonstruktionen des Zeus-Tempels von Olympia oder des Apollon-Tempels unter den Klippen von Delphi. Hier gibt es das *temenos*, das man sich mit einem oder zwei Bäumen vorstellt. Hier ergehen sich Griechen in tiefer Meditation. Was unsere Vorstellung allerdings nicht wiederzugeben vermag, ist der Geruch des Blutopfers.

Für mich ist die Opfersitte von allen Bräuchen antiker Zivilisation am schwierigsten zu begreifen und zu akzeptieren. Für Theokrit gehört es zur Jahreszeit und zum pastoralen Genre, von der Opferung eines Zickleins, eines Kalbes, eines mit eigener Hand aufgezogenen Lammes zu sprechen; und für einen Augenblick vergißt der moderne Leser, daß Opfer ein häßliches Wort ist, daß hier keine mehr oder weniger sinnentleerte Metapher, sondern der Tod unschuldiger Geschöpfe gemeint ist. Um das *temenos* jedes großen Tempels muß etwas vom Lärm und Gestank eines Schlachthofs gewesen sein.

# Blut und Reinheit

Doch wie stand es mit den Opfern in den Tempeln der Aphrodite?

Nicht weniger als die anderen Götter erwartete Aphrodite die Gerüche, die vom Altar aufstiegen, den Rauch von verbranntem Fleisch und von Brandopfern, der in der hellen Luft hing und sich auf seinem Weg gen Himmel verflüchtigte. Durch die reinigende Kraft des Feuers sollte Nahrung in ätherische Substanzen verwandelt werden, um der unbegreiflichen, unsichtbaren Körperlichkeit der Götter zugute zu kommen.

Hätte man einen Griechen gefragt, weshalb er den Göttern Tier- und Pflanzenopfer darbrachte, wäre die Antwort anders ausgefallen als die der Völkerkundler und Anthropologen. Er hätte vermutlich geantwortet, daß die Götter – und mit ihnen Aphrodite – selbstverständlich Opfergaben erwarteten, daß sie ihnen immer geopfert hätten, daß sie den Menschen gewiß nicht günstig gesonnen blieben, erwiese man ihnen nicht den gebührenden

*Illustrierte Plutarch-Handschrift.*

Respekt. Ohne ihre Macht wären die Götter ohne Bedeutung; wer aber den Schutz oder die Hilfe der Mächtigen sucht, muß ihnen Tribut zollen.

Jedes Opfer ist ein Geschenk. Aber warum muß ein solches Geschenk gerade aus dem Fleisch, dem Fett und dem Blut von Tieren bestehen?

Das ist eine Frage, auf die der imaginäre griechische Gesprächspartner wohl erstaunt die Gegenfrage gestellt hätte: »Warum nicht?« Vielleicht hätte er hinzugefügt, daß er den Göttern gelegentlich auch hausgemachte Kuchen, Honig, Wein, Olivenöl, Milch, Früchte und natürlich auch Räucherwerk geschenkt habe. Dies wären jedoch Opfergaben, die weder die Götter noch die Tempelleute, seine Familie oder ihn selbst voll zufriedenstellen könnten. Zu bestimmten Gelegenheiten wollten alle, daß geröstetes Fleisch dargebracht wurde.

Der Unterschied zwischen blutigen und blutlosen Opfern spielte dann kaum noch eine Rolle. Er brauchte keine Theorien aufzustellen über das Opfer als vereinendes Element zwischen Göttern und Menschen oder über die Bedeutung von Blut als essentiellem Lebenssaft. Ein Grieche hätte den Opferdienst also als etwas verteidigt, was nun einmal von jedem betrieben wurde und natürlich war. Und da es sich um Götter handelte, mußte der Opferdienst in aller gebührenden Form und nach den überlieferten Riten vollzogen werden.

Die heiligen Riten waren fast für alle olympischen Götter gleich. Die Griechen zogen zu ihren Tempeln, um öffentliche Festopfer zu feiern, aber es gab auch private und familiäre Opfer, zu denen man Gäste einlud. Die Griechen liebten diese Ausflüge. Der jährliche Festtag begann mit einer Prozession und wurde nach dem Opferschmaus und Opfertrank mit Gesang und Tanz beschlossen. Zu offiziellen und

*Die Toilette der Venus. Gemälde von Francesco Albani, 1621.*

privaten Gelegenheiten ehrten sie die Götter, indem sie in ihren besten weißen Gewändern erschienen, und für die meisten Götter galt der junge Tag, die erste strahlende Morgensonne als die geeignete Opferzeit.

Die Größe des Opfers blieb dem eigenen Ermessen überlassen. Von Wohlhabenden erwartete man einen Ochsen oder zwei. (Pythagoras soll im sechsten Jahrhun-

dert v. Chr. den Musen jedes Mal einen Ochsen geopfert haben, wenn er einen neuen geometrischen Lehrsatz gefunden hatte.) Schweine, Schafe, Ziegen, Ferkel, Lämmer, Zicklein waren weniger wertvolle Opfer. Aber das Opfer des Armen, der nicht mehr bringen konnte als einen jungen Hahn oder eine Taube, wurde von der Göttin nicht weniger freundlich aufgenommen als die vielen vierfüßigen Tiere des Reichen – mag der Reiche auch anders darüber gedacht haben.

Musik und Gesang waren ein Bestandteil der Zeremonie. Ein ritueller Freudenschrei wurde zu dem Gott emporgeschickt und forderte ihn auf, sein Opfer anzunehmen. Dann schlug der Opfergehilfe das Tier tot oder bewußtlos und bog seinen Kopf zurück, damit der Gott von oben in das tote Gesicht sehen konnte. Ein anderer Helfer durchschnitt die Kehle, fing etwas von dem Blut auf, um damit den Altar zu besprengen, wenn die Holzscheite zu einer roten Glut heruntergebrannt waren. Tier, Helfer und Gläubige ließen sich noch einmal mit Wasser besprengen, das zuvor geheiligt worden war, indem man einen brennenden, zischenden Zweig hineinhielt, den man aus dem heiligen Feuer des Altars gezogen hatte.

Nun wurde das Tier gehäutet, ausgenommen und zerlegt. Einige Stücke tat man für die Tempeldiener beiseite, einige für die Opfergäste, einige für die Gottheit. Die Teile für den Gott wurden in die Schwarte gewickelt und auf die glühende Altarkohle gelegt. Über die Packen aus Fleisch und Fett sprengte man Wein, bestreute sie mit allerlei Räucherwerk, und während sie zu Asche verbrannten, stieg der Wohlgeruch zu den Göttern auf. Währenddessen spielte ein Mädchen auf der Rohrflöte, und andere Frauen sangen Choräle. Es waren professionelle Musikerinnen, deren Entlohnung zu den Kosten des Festes gehörte.

*Aphrodite. Gemälde von Briton Riviere, 1902.*

Schließlich ließen sich die Gläubigen, die ihre Hände im Gebet zu dem Gott erhoben und ihre Bitten vorgetragen oder für erwiesene Wohltaten gedankt hatten, zum Festschmaus nieder, verzehrten ihre Stücke Ziegenfleisch, ihren gerösteten Schweine-, Lamm- oder Kalbsbraten vom Altarfeuer und spülten alles mit Wein hinunter (vielleicht hat die europäische Sitte, Fleisch in Wein zu garen, in diesen alten Opferriten ihren Ursprung). Dann feierte man den Gott mit weiteren Liedern und tanzte zu seiner Ehre. Ein Gott hatte sein Blut bekommen. Ein Gott teilte mit den Menschen das Mahl, das aus dem Fleisch der üblichen Schlachttiere bestand.

Die weniger wertvollen Opfergaben wie Mehl, Kuchen, Äpfel, Birnen, Oliven, Quitten, Honig, Milch und Gemüse wurden nicht auf dem Altar verbrannt, sondern im Innern des Tempels auf einen Tisch vor der Götterstatue niedergelegt, zusammen mit prächtigen oder bescheidenen Weihgaben, Gold- oder Silbergegenständen oder Symbolfiguren aus Terrakotta.

Aphrodite wurde wie die anderen olympischen Götter behandelt. Auch ihr brachte man hellfarbene Tiere (dunkle Tiere opferte man den Göttern und Mächten der Unterwelt, die zur Nachtseite des Lebens gehörten). Vermutlich bevorzugte auch sie Tiere ihres eigenen Geschlechts, obwohl man ihr an einigen Orten auch Böcke und Bullen opferte. Weiße Lämmer waren die gängigsten Opfertiere Aphrodites. Schweine lehnte sie gewöhnlich ab; nur auf ihrer Insel Zypern opferte man ihr Schweine und Wildeber, gewissermaßen als Rache für den Tod des Adonis. Auch Vögel brachte man ihr dar, insbesondere Tauben (weiße Tauben, so das möglich war), Gänse und Wachteln, die ihr ebenfalls heilig waren. Als Blumengöttin bekam sie auch Blumen und Girlanden, die als Rauchopfer verbrannt wurden. Im Agora-

*Venus. Detail einer Fresko-Malerei, 17. Jahrhundert. Palazzo Spada, Rom.*

Museum von Athen, unterhalb der Akropolis, steht ein Trinkgefäß aus dem sechsten Jahrhundert v. Chr., auf dem eine *heteira* sehr lebensecht dargestellt ist. Sie ist nackt und legt eine Girlande auf einen flammenden Altar, der ohne Zweifel Aphrodite gehört.

## Weihrauch und Myrrhe

Aphrodite liebte Räucherwerk, und man vermutet mit einigem Recht, daß der Gebrauch von Räucherwerk durch Aphrodite selbst in das griechische Opferritual kam. Bei Homer, der so oft von den Opferfeuern für andere Götter berichtet, wird Weihrauch überhaupt nicht erwähnt. Allenfalls ist von duftenden Hölzern die Rede. Mittler für den späteren Gebrauch von Weihrauch waren Syrer und Phöniker, die ihn zusammen mit Myrte und Kassia-Zimt aus Arabien einführten.

Der Duft von Räucherwerk paßte gut zur Vorstellung von Aphrodite als Freudenspenderin und war zweifellos dafür gedacht, auf Götter wie Menschen die gleiche erregende und wonnevolle Wirkung auszuüben. Zudem hatte er den praktischen Vorteil, die Gerüche nach Blut und brennendem Fleisch in den Tempeln und um die Freiluftaltäre zu mildern oder zu überdecken. Auch Räucherwerk, das zu den Mahlzeiten in den Häusern verbrannt wurde, machte das Essen zum Opfermahl für die Götter, die auf der Vorderseite ihrer Statuen eigene kleine Altäre für Rauchopfer hatten.

*Venus Italica. Detail einer Statue von Antonio Canova (Gesamtansicht auf Seite 169).*

Empedokles fand kleine Duftgefäße, Myrrhe, Weihrauch und fließenden Honig für eine Göttin der Kreativität und der Blumen passender fand als Stiere, Metzeleien und Blut. Auch wir neigen eher zu dieser Sicht: Liebe und Räucherwerk, Liebe und Rosen, aber nicht Liebe und Blut, Liebe und rohe Fleischstücke. Aber Götter waren, jedenfalls in mancher Hinsicht, den Menschen gleich, und so setzten die Griechen voraus, daß die Göttin der Liebe wie die übrigen Olympier das nahrhafte Fleisch der Kälber, Lämmer und Zicklein brauchte. Es ist wahr, daß sie in Paphos keine blutigen Opfer annahm. Auf ihrem Altar sollte kein Blut vergossen werden, aber das hieß nur, daß man hier einen Teil der rituellen Opferhandlung ausließ, während sich die Göttin sämtlicher übrigen Begleitumstände durchaus erfreute.

Im Lauf der Jahrhunderte stellten die Griechen, die am Opferkult zu zweifeln begannen, nicht die blutigen Riten in Frage, sondern die Moral und die Richtigkeit, die Götter auf die hergebrachte Art zu bestechen oder günstig zu stimmen. In der Stadt Rom, der Erbin des griechischen Glaubens und Brauchtums, betrachtete Lukrez die Tempel des griechischen und römischen Raumes und tat die Opfer – mitsamt den Göttern – als Humbug ab. Mit dem Ende des Blutopfers begann das Ende der heidnischen Götter und auch Aphrodites.

# APHRODITES STANDBILDER

## *Gedichte und Statuen*

Was würde ein spätviktorianischer Verehrer der schönen Künste und des griechischen Ideals zu Sandro Botticellis *Venus* gesagt haben, die auf einer Muschel und inmitten von Rosen daherkommt? Vermutlich wäre er der Ansicht, daß sie nicht »griechisch« sei. Für den Idealisten des neunzehnten Jahrhunderts war eine wirklich griechische Aphrodite die kühle Gigantin im Louvre, die *Venus von Milo*, die heute vermutlich die meisten von uns kalt läßt oder gar abstößt.

Man hat diese Statue auf Melos in den Kykladen gefunden, ohne Arme, vom Sockel gestürzt und mit anderen Marmortrümmern zusammengeworfen. Sie sollte im Kalkofen verbrannt werden. Das war 1820, in der Zeit der ideellen Höhenflüge und Übertreibungen des neunzehnten Jahrhunderts. Sie war »klassisch« und fast zwei Meter groß. In ihr schien man endlich die wahre, große Aphrodite gefunden und für Europa erhalten zu haben. Die Autoritäten des Louvre wurden verdächtigt, den Sok-

kel vernichtet zu haben, dessen Inschrift (wenn die Statue und der Sockel überhaupt zusammengehörten) bewies, was man auch an ihrem Stil ablesen konnte: daß die *Venus von Milo* alles andere als »klassisch« war.

Tatsächlich wurde sie im späten zweiten Jahrhundert v. Chr. von einem Bildhauer in Antiochia gemacht, der bei seinen Bemühungen alte und neue Elemente vermischte. Vielleicht wurde seine Arbeit von einem robusten, reaktionären römischen Geschmack bestimmt. So fiel seine *Aphrodite* eher matronenhaft als erotisch aus, eine schwerfällige, verkrampfte Version der anmutig-ernsten Tempel-Aphrodite, die griechische Meister zweihundertfünfzig Jahre zuvor zur Zeit des großen Praxitetes geschaffen hatten.

Was sollte ein solcher Idealist mit all den steinernen Phallussymbolen anfangen, die man an den Stätten der Tempel von Eros und Aphrodite ausgrub, auf der Akropolis von Athen?

*Venus von Milo. Louvre, Paris.*

Vielleicht sind es die Beweggründe des neunzehnten Jahrhunderts, welche die *Venus* im Louvre noch immer zur berühmtesten Statue der Welt machen, zum angeblich schönsten aller Venusbildnisse, das man in den Andenkenläden in Athen und überall in der Welt als weißen Plastikabguß verkauft. Wollen wir jedoch erfahren, was die Griechen wirklich für ihre Liebesgöttin empfanden, müssen wir auf das Phallussymbol blicken und nicht auf ihre Statuen.

Die Griechen paßten, sobald sie ihre expressiven Möglichkeiten entdeckt hatten, Aphrodites Gestalt ihrer Dichtung an und schufen sinnliche, verführerische Darstellungen von ihr, Bildnisse der herausfordernden, nicht so leicht als Göttin begreifbaren Aphrodite, die Botticellis Vorstellung eigentlich am nächsten standen.

*Venus von Tauris, drittes Jahrhundert v. Chr.*

# Steinblock und Holzklotz

Aphrodite, die sichtbare Aphrodite, begann ihre dreidimensionale Karriere als ungeformter Naturstein auf Zypern und möglicherweise auch auf den Ägäischen Inseln und in Griechenland. Ihr letzter großer Tempel in Paphos muß ein graeco-romanischer Koloß mit vielen Säulen und Simsen gewesen sein, den vermutlich ein Erdbeben zum Einsturz gebracht hat. Sein *temenos* war mit Votivfiguren von Aphrodite angefüllt, die einander von den inskribierten Sockeln verdrängten – letztere stapeln sich heute im Museum. Im Innern aber muß ein Schrein orientalischen Stils erhalten geblieben sein. Es gibt zyprische Münzen des römischen Kaiserreichs, die mit einem Umriß dieses Schreins geprägt waren, gekrönt von Aphrodites Tauben. Im Innern ist der hohe konische Stein oder Betyl sichtbar, der Aphrodite verkörperte und den ihre Anbeter liebevoll mit Öl salbten. Solche Betyle (das Wort kommt von dem hebräischen Beth-El und bedeutet »Haus des Gottes«), ehemals als »beseelte Steine« bezeichnet, dienten in den phönikischen Städten als Gottheiten.

Als Astarte oder Aphrodite durch die Phöniker zu den Griechen kam, brachte sie keine Tradition bildhauerischer Ausdrucksform mit. In den Städten Phöniziens waren Wörter aller Art die vermittelnde Kunstform: Mythen, Anrufungen, Hymnen, Gedichte bestätigten die Existenz von Astarte oder Baal, deren Figurinen aus Metall, Ton oder Elfenbein nur als heilige Schauwerke galten. In solchem Zusammenhang war die kleine Bronze einer nackten Frau nicht mehr als das »A« von Astarte, ein schlichtes Symbol für ihre göttliche Persönlichkeit und ihre Macht. Den Phönikern genügten solche Andeutungen aus Ton zu ihren Hymnen und Anrufungen, Betylen im Schrein. Die Griechen aber orientierten sich an der Kraft, der Beständigkeit und den scharfen Konturen der ägyptischen Steinmetzarbeit und Bildhauerkunst.

Meister des Wortes, begannen die Griechen erst im siebten Jahrhundert v. Chr. Steine zu bearbeiten: Die Vorstellung von Aphrodite nimmt Gestalt an. Sie findet zunächst einfachste Verkörperung in den Symbolformen fast oder gänzlich unbehauener Steine oder Baumstämme. Anbetung, Salbung, Opferung richten sich an das kunstlose Objekt. Als die Kunstfertigkeit zunimmt, als das Konzept der Gottheit sich höher entwickelt und klarer wird, wird auch die Form vollkommen.

Es ist, als ob die Göttin in ihrer Schönheit (ein Wort, das wir im Kontext mit Aphrodite nicht zu scheuen brauchen) erst aus dem Innern ihrer ersten primitiven Symbolhaftigkeit auf hellenischem Boden an die Oberfläche vordringen mußte, um schließlich zur perfekten Göttin zu werden, die auf dem luftigen Olymp wohnte.

*Venus Italica. Statue von Antonio Canova.*

# Die verlorenen Originale

Rund zweitausend Aphroditen in Marmor sind erhalten, Köpfe und Fragmente inbegriffen. Dazu kommen zahlreiche kleine Aphrodite-Figuren in Bronze und Tausende von kleinen Terrakotta-Aphroditen aus Tempeln, Grabkammern und Häusern.

Einige davon stammen aus dem sechsten oder dem frühen fünften Jahrhundert v. Chr. Die Mehrzahl aber sind griechische oder »hellenistische« Produkte einer griechischen Welt, die sich über Griechenland hinaus auf die Inseln und die italienischen Kolonien ausgedehnt hatte. Die Blütezeit liegt dazwischen, beginnend um 480 v. Chr., dem Jahr, in dem die Griechen unter Xerxes in der Seeschlacht von Salamis die Perser besiegten, und endend im auslaufenden vierten Jahrhundert, nach Alexanders Triumph und Unterwerfung der freien unabhängigen Stadtstaaten. Aus dieser Zeit ist nicht eine der großen Tempelstatuen Aphrodites erhalten, kein einziges Original. Wir wissen von Aphrodite-Statuen, die im griechischen und römischen Altertum ihren Bildhauern Ruhm einbrachten. Wir kennen die verschiedenen Haltungen und Typen der Aphrodite-Darstellung und einige ihrer Urheber. Was wir nicht kennen, sind die Originale, die Steingebilde mit dem unmittelbaren Gepräge des Schöpfers. Und wenn wir die späteren Kopien oder Varianten betrachten, von denen viele aus untergegangenen oder in Trümmer gefallenen Tempeln um die Ägäis, die Adria und das Mittelmeer stammen, sind sie zumeist unvollständig – Aphroditen ohne Arme, Beine und ihre typischen Attribute, Aphroditen ohne Köpfe und Gesichter und sprechende Züge und Ausdruck, Aphroditen ohne Farben und Ornamente in Gold oder Bronze.

*Kopf der Aphrodite. Klassische griechische Skulptur.*

Keine einzige freistehende Tempel-Aphrodite ist uns von Phidias oder Alkamenes geblieben oder von irgendeinem anderen Bildhauer jenes fünften Jahrhunderts, in dem Euripides und Sophokles ihre Stücke schrieben, in dem der Dichterphilosoph Empedokles sich mit Aphrodites Natur und der Beziehung zwischen Liebe und Kampf auseinandersetzte, als Perikles regierte und das Parthenon erbaut wurde. Es scheint, daß die Bildhauer noch immer Statuen von Aphrodite herstellten, die schwer, monumental und von vordergründigem Symbolgehalt waren, in ihrer Art vielleicht mehr einem uns erhaltenen Kolossalkopf von Aphrodite entsprechend, der um 500 bis 475 v. Chr. entstand und der eher göttliche Macht und Unergründlichkeit ausdrückt als die Rätselhaftigkeit und Zartheit der Liebe. Wäre sie noch vorhanden, würde uns dann die Aphrodite aus Gold und Elfenbein mehr sagen, die Phidias für ihren Tempel in Elis schuf? Die Bildhauer lernten rasch, die Göttergestalten mit ihren Menschenkörpern und Menschengesichtern weniger durch Attribute sprechen zu lassen als durch Ausdruck, Gestik, Maße und Anmut.

Im nächsten, dem vierten Jahrhundert v. Chr., der Zeit von Praxiteles, Skopas und anderen Meistern der Bildhauerkunst, der Bilder des Apelles, auch dem Jahrhundert Platons und Aristoteles' und schließlich Alexanders des Großen, verlieren die Tempelstatuen Aphrodites ihre Hüllen. Diese Entkleidung wird zum Symbol dafür, wie sich die Griechen mit der unwiderstehlichen, bittersüßen, bisweilen an Wahnsinn grenzenden Liebe auseinandergesetzt haben. Das war die – wenngleich nicht mehr ganz so majestätische – Aphrodite, deren unbesiegbarer Sohn Eros hieß, damals noch kein niedliches Engelchen, sondern ein männlicher Gott – neben Aphrodites essentieller Weiblichkeit.

*Esquilinische Venus, Detail, (Gesamtansicht auf Seite 184).*

Die späten Kopien und Varianten – Originale sind nicht erhalten – sagen uns einiges über die Aphrodite des vierten Jahrhunderts, ebenso wie einige wenige Fragmente von Originalen, vor allem der Marmorkopf im *Boston Museum of Fine Arts*, der in seiner Haltung, seinen Zügen, seinen Augen, der Süße des Mundes, der Zärtlichkeit, der rätselhaften Mischung aus Begehrenswertem und Begehren, aber auch in einer gewissen gnadenlosen Berechnung genau der Aphrodite entspricht, die aus Wasser Feuer schlägt, deren Macht individuell und universell ist und die, gemeinsam mit dem Kampf, alles Leben bestimmt.

# Aphrodite im Meer und im Bad

Die nach und nach von ihren Schultern gleitenden Hüllen bestimmen die Aphrodite des vierten Jahrhunderts und danach der spätgriechischen Zeit. Die Gestalt wird fließend und geschmeidig. Es herrscht eine feststehende und allgemeingültige Vorstellung von ihrem Typus.

Einen solchen Typus könnte im fünften Jahrhundert v. Chr. Alkamenes in Athen begründet haben mit seiner verlorengegangenen *Aphrodite in den Gärten*, der Statue aus dem Tempel von Aphrodite am Nordhang der Akropolis. Dieser Tempel wurde jedes Jahr in einem Frühlingsritual von zwei Mädchen besucht, die aus dem Athene-Tempel auf dem Gipfel Brotlaibe in Form von Phallus und Schlange mitbrachten. In Aphrodites Tempel wurden die Laibe zu Symbolen der Fruchtbarkeit. Zur Herbstzeit wurden sie auf die Akropolis zurückgebracht und zu Saatgut zerstoßen, um nach der nächsten Aussaat eine ergiebige Ernte zu sichern.

*Aphrodites Standbilder*

Alkamenes *Aphrodite in den Gärten* scheint der bei den Römern bekannten *Venus Genetrix* entsprochen zu haben. Als Mutter des Aeneas, den Anchises gezeugt hatte, war Aphrodite auch Mutter und Ahnherrin des römischen Volkes, die *Venus Genetrix*. Daß ihr der durchsichtige Chiton von der Schulter rutscht und eine Brust freigibt, muß wohl mehr eine Andeutung der Fruchtbarkeitseigenschaft gewesen sein als eine erste Anspielung auf die Nacktheit der Liebe.

Skopas, der aus Paros in den Zykladen kam, wo der schimmernde parische Marmor für so viele griechische Skulpturen aus unterirdischen Minen gefördert wurde (die man heute noch besichtigen kann), soll die erste nackte Aphrodite geschaffen haben. Aber welche Haltung und Attribute er der Göttin gab, läßt sich bedauerlicherweise nur raten.

Daß der Athener Bildhauer Praxiteles Aphrodite nackt oder zumindest nackt bis zur Körpermitte darstellte, wissen wir genauer. Er war einer der beiden Künstler, die in großen Zügen festlegten, in welcher Gestalt die Göttin im Altertum und später dargestellt wurde. Der andere war der

*Venus Genetrix.*
*Römische Kopie eines griechischen Originals.*

*Frau in den Wellen. Gemälde von Gustave Courbet.*

Maler Apelles, der aus der ionischen Stadt Kolophon an der asiatischen Küste kam, nordwestlich der Insel Samos.

Apelles malte Aphrodite, wie sie dem Meer entsteigt. Praxiteles meißelte Aphrodite für einen ihrer Tempel in Knidos, wie sie sich zum Bade bereitet – eine Aphrodite, wie wir sie, zumindest annähernd, von den verschiedenen antiken Kopien kennen. Apelles' Bild und Praxiteles' Statue teilten sich in die höchste Begeisterung der Antike. Touristen begaben sich auf die Reise nach Kos im Dodekanes, um sich die *Aphrodite Anadyomene* anzusehen, die zusammen mit anderen religiösen Bildern des Meisters in einem kleinen ionischen Tempel (den es dort noch gibt) ausgestellt war. Dieser Tempel war einer der Bestandteile des Asklepieion, des großen Heiligtums des Asklepios, des Gottes der Heilkunst.

Danach fuhren die Pilger über die Meerenge von Kos nach Knidos, ein paar Meilen entfernt, unter dem lichtblauen oder schwarzen Dräuen der asiatischen Berge, und erklommen den Aphrodite-Tempel über den beiden Häfen von Knidos, um dort oben die Marmorgöttin des Praxiteles zu sehen, sie von vorn, von der Seite und von hinten zu betrachten.

Apelles malte Aphrodites Eintritt in die Lebens- und Gedankenwelt, während Praxiteles mehr ihre Rolle und ihre Funktionen darstellte. Apelles malte, was in

*Nachbildung der Aphrodite von Knidos. Vatikan, Rom.*

Hesiods Gedicht stand, Praxiteles hielt sich an Homer. Auf dem Bild muß Aphrodite sich in halber Länge aus dem Meer erhoben haben. Ein Schleier aus Wassertropfen umgab sie, und sie hob ihre Arme und Hände, um ihr nasses Haar auszuwringen. Nach diesem Bild soll die *Aphrodite von Benghazi* entstanden sein. Sie stellt in Marmor genau das dar, was Apelles sich in Farbe vorgestellt hatte: eine Figur, die oberhalb der Lenden endet, nicht ein nachträglich entstandener Torso, eine Göttin, die sich in diesem Moment noch nicht weiter aus dem Mutterschoß des Meeres gelöst hat.

Was die marmorne Aphrodite von Knidos betrifft, so war es für Praxiteles nur natürlich anzunehmen, daß eine Göttin der Liebe und Schönheit, in Gestalt einer Frau, nach einer Liebesbegegnung zur Nacht ins Bad steigt. Hatte nicht Homer im achten Buch der *Odyssee* beschrieben, wie Aphrodite, nachdem sie sich mit Ares im Netz verfangen hatte, sogleich nach Paphos ging und in ihrem Tempel von den Grazien gebadet wurde? Wenn eine griechische Frau badete, wurde aus einem Eimer oder einer Kanne Wasser über sie gegossen. Praxiteles liefert die Kanne und Aphrodites Badetuch noch dazu.

Wenn wir diese beiden Darstellungen der Aphrodite weiterverfolgen, stellen wir fest, daß sie sich überschneiden. Es scheint, daß Praxiteles sich durch das Bild von Apelles zu einer nackten *Aphrodite Pseliumene* inspirieren ließ, die ihre Arme über die Schultern erhebt, um sich mit Armbändern oder Halsketten zu schmücken. Er schuf auch eine nackte *Aphrodite Stephanousa*, welche ihre Hände erhebt, um einen Kopfschmuck oder ein Diadem *(stephane)* anzulegen.

Späte Aphrodite-Statuen vereinigen die Motive und geben ihnen unterschiedliche Betonung oder heben die eine oder andere Einzelheit besonders hervor. Die Aphrodite von Knidos bedeckte ihr »Delta der Venus« mit einer Geste herausfordernder

Schüchterheit (die sie von syrischen und phönikischen Reliefs übernahm). Und natürlich wagten Neugierige und Anbeter wenigstens einen Blick hinter die Hand. »Diese beiden von den Schenkeln zusammengepreßten Teile – welch unbeschreiblich süßes Lächeln haben sie!« ruft in den *Erotes* einer der Freunde aus, als sie bewundernd vor der Statue stehen. Für Aphrodite waren jetzt ein Dutzend verwandte Posen auf diese Praxiteleische Art denkbar, schüchtern, herausfordernd oder aufregend zugleich. Ihre beiden Hände konnten in Aktion sein, die eine konnte das gewisse Lächeln verbergen, die andere eine nackte Brust schützen.

Auch die Art, wie Aphrodite sich auszog, wurde jetzt in die besonders graziöse Haltung gebracht, mit der sie sich vorbeugte, um eine ihrer Sandalen zu lösen. Oder man vermischte die knidische Aphrodite, die sich für ihr Bad nach dem Liebesakt entkleidet, mit der aus dem Meer geborenen Aphrodite, die von Seeleuten und Reisenden verehrt wird. Die Bildhauer nahmen sich die Freiheit, die *hydria,* die von Praxiteles dargestellte Kanne, in einen symbolträchtigen Delphin zu verwandeln, der die Schwanzflosse aufrichtet, während der Kopf an die Seite der Göttin geschmiegt ist.

Ein Mittelding zwischen der bekleideten Aphrodite und der nackten oder sich entkleidenden sind jene Statuen, auf denen sie bis zur Mitte nackt ist, wo der Chiton über die reizende

*Aphrodite von Rhodos.*

Nabelgrube bis zu ihren Hüften hinabfällt oder gar noch mehr freigibt, oder Statuen wie die *Aphrodite von Syrakus* und die *Aphrodite von Zouaglia* und die *Aphrodite von Horbeit*, bei welchen die Draperien die nackten Partien ihres Körpers nur noch hervorheben oder von einer berechnend plazierten Hand noch eben am gänzlichen Herabgleiten gehindert werden. Hier ist die Bewegung erstarrt, man braucht nur zu warten, bis der Stoff fällt und die Nacktheit freilegt.

Man darf wohl vermuten, daß Aphrodite nicht nur für das Bad, sondern auch fürs Bett die Kleider ablegte. Die halbbekleideten Statuen sind also doppeldeutig. Während die *Odyssee* beschreibt, daß Aphrodite nach dem Debakel mit Ares ins Bad eilt, wird in der ihr gewidmeten *Homerischen Hymne* erzählt, daß sie sich in ihrem Tempel in Paphos von den Grazien für ein Liebesabenteuer herrichten läßt. Sie tritt durch die schimmernden Türen, schließt sie hinter sich, und die Grazien waschen sie und salben sie danach mit duftendem Öl, wie es die Götter gebrauchen. Und in ihrem schönen Kleid und ihrem Goldschmuck enteilt sie zum Berg Ida, um dort Anchises zu treffen und ihn zu verführen.

Als es dann soweit ist oder zu sein verspricht, verhält sich Anchises auf seinem pelzbedeckten Lager wie jeder griechische Ehemann und löst den Gürtel, den sie um ihre Taille trägt. Die Sitte schrieb vor, daß

*Kauernde Aphrodite. Römische Kopie einer Marmorskulptur des hellenistischen Bildhauers Doidalsas von Bithynia.*

ein griechisches (oder römisches) Mädchen, sobald es verheiratet war, einen solchen Gürtel trug und daß ihr Gemahl ihn im Bett feierlich löste. Ließ das Mädchen den Chiton von ihren Schultern gleiten, fiel er über den Gürtel und wurde immer noch gehalten. Löste der Ehemann aber den Gürtel, fiel der Chiton auf ihre Füße, auf das Bett oder auf den Boden.

Beim Anziehen oder Entkleiden kann Aphrodite ihr Haar ordnen, sich in einem Spiegel betrachten oder sich das Abbild ihrer Schönheit auf der polierten Oberfläche eines Spiegels betrachten. Die *Aphrodite von Capua* benutzt zum Beispiel den Schild ihres Liebhabers Ares als Spiegel, den sie mit beiden Händen vor sich hält. Oder sie kann tanzen als Verkörperung von Liebe und Leben.

Eine der letzten, häufig imitierten oder abgewandelten Varianten war eine Aphrodite, die sich tatsächlich im Bade befand oder waschen ließ, wobei sie sich hinkauern mußte, um sich von ihren unsichtbaren Dienerinnen mit Wasser übergießen zu lassen. Dieser Typus wurde in der ersten Hälfte des dritten Jahrhunderts eingeführt, von Doidalses, der für Nikomedes I. arbeitete. Nikomedes war König von Bithynia, einem hellenistischen Königreich, das sich bis an die Ostküste des Bosporus und des Propontis (oder Marmara-Meeres) erstreckte. Er hatte die Bewohner von Knidos gebeten, ihm ihre Aphrodite zu verkaufen, vielleicht für seine neue Hauptstadt Nikomedeia, die er um 264 v. Chr. gründete. Die Knider aber weigerten sich, und vielleicht war die plumpe Aphrodite des Doidalses, die ungeschickt kniet und den Kopf vom herabfließenden Badewasser wegdreht, als Ersatz für die Aphrodite von Knidos gedacht, die Nikomedes nicht in seinen Besitz bringen konnte.

# Die Delphin-Aphroditen

Unsere eigene Vorstellung von der Schönheit der Frauen oder gar Göttinnen findet sich am ehesten in den späten Delphin-Aphroditen verwirklicht, die eine unbekleidete, schlanke, langbeinige, erotische Aphrodite darstellen.

Diese Delphin-Aphroditen sollen sich von einem verlorenen Original herleiten, das etwa 300 Jahre v. Chr. entstand. Der Schöpfer dieses verlorenen Originals könnte sich an der Aphrodite von Knidos orientiert haben. Seine Statue müßte etwa der Medici-Aphrodite entsprochen haben, die heute in den Uffizien steht. Strahlt die Figur aus Florenz auch eine gewisse Kompaktheit und Fülle, ja sogar Hochmut den Formgebung aus, so ist sie doch vollendet und verrät uns, wie die anderen Delphin-Aphroditen ihre verlorenen Arme und Hände hielten: daß sie zumeist eine Brust und einen Teil ihren haarlosen Scham damit deckten.

Ich selbst schätze besonders die Aphrodite im Museo Nazionale Romano in Rom, die aus den Ruinen des reichen Kyrene kommt, der Hauptstadt der Cyrenaika, die von den Griechen auch *Garten der Aphrodite* genannt wurde. Sie wurde dort 1913 entdeckt, als das heutige Libyen gerade in italienischen Besitz gegangen war. Sie ist elegant, groß, ein wenig steif und hat Kopf und Arme verloren. Ihr Delphin hält einen Fisch im Maul. Weiter westlich gibt es eine ähnliche Schönheit dieser Art, in Leptis Magna, der Hafenstadt des alten Tripolitania, das die Phöniker für ihren Handel mit Afrika gründeten.

Zypern ist schlecht weggekommen. Bis heute hat der Heimatboden Aphrodites nicht eine Statue in voller Größe freigegeben. Zypern indessen versteht geschickt und mit einigem Recht mit der kleinen *Aphrodite von Soli* für sich zu werben. Diese menschlichere, weniger göttliche Mädchenfigur, oder besser: menschlich wirkende junge Göttin stammt aus dem ersten Jahrhundert v. Chr. Ihre Arme und Füße sind abgebrochen, ihr Delphin ebenso, der mit Sicherheit an ihrer Seite saß. Aber das Gesicht voll jugendlich-kraftvoller Sinnlichkeit ist erhalten, mit einem Hauch von Grausamkeit oder Indifferenz, als ob sie Zärtlichkeit – wie denn anders – nur dem Privilegierten zu zeigen bereit sei. Ein festes, rundliches Gesicht, das zur Festigkeit ihrer Brüste, ihres Körpers und des Übergangs zu den Schenkeln paßt. Sie wirkt gefährlich, und man gerät in Versuchung, sich auszumalen, wie sie eines Tages, lebendig geworden, als klassische Badeschönheit über den Sand eines der sorgsam gepflegten Badestrände von Famagusta oder Larnaka wandelt. In Soli, der von dem athenischen Gesetzgeber Solon gegründeten Stadt, blickte sie über die Morphon-Bucht an der Nordküste von Zypern hinaus. Soli besaß einen Tempel der Isis-Aphrodite.

Experten auf dem Gebiet der griechischen Skulptur behaupten, der Delphin, der sich stets gegen das linke Bein der Aphrodite-Standbilder schmiegt, sei nichts anderes als ein klug eingesetztes technisches Hilfsmittel, um den schlanken Beinen der neuen nackten Statuen zusätz-

*Aphrodite von Kyrene mit dem Delphin.*

*Zweites Jahrhundert v. Chr.*

lich Stütze zu geben. Die Kunst indessen liegt darin, was der Künstler aus einem solchen Hilfsmittel macht. Diese Bildhauer verwandelten die Stütze in einen Delphin, und der Delphin gehörte zur Göttin.

Ich meine, daß etwas von der Zärtlichkeit, welche die Griechen oder die hellenisierten Bewohner des Mittelmeerraumes und der Ägäis für ihre Aphrodite-Statuen empfanden, auch aus einem Gedicht von Kallimachos spricht. Kallimachos war ein nordafrikanischer Grieche, um 305 v. Chr. in Kyrene geboren, was bedeutet, daß er mit eigenen Augen die heute in Rom befindliche kyrenische Aphrodite in ihrer ganzen Schönheit gesehen haben kann, bevor sie ihrer Arme, ihres Kopfes und ihres Schreins beraubt wurde. Später lebte Kallimachos in Alexandria und arbeitete in der großen, von König Ptolemäus Philadelphos gegründeten Bibliothek, dessen Frau und Schwester Arsinoë in den Götterstand erhoben und mit Aphrodite identifiziert wurde.

Vielleicht wurde Kallimachos im Arsinoë-Aphrodite-Tempel in Zephyrion auf dem »windigen Vorgebirge« an der ägyptischen Küste durch eine Nautilus-Muschel angeregt, die dort von einem Opferfest liegengeblieben war. Vielleicht sah er auch bei einem Opfer zu und kannte das Mädchen Selenaia, das es darbrachte.

Es wäre müßig, sich über die Leichtigkeit und Schönheit der späten Aphrodite-Statuen zu beklagen oder über die Art der späten Gedichte über Aphrodite. Für mich ist es nur ein Beweis subjektiver Sicht oder klassischer Vorurteile, wenn man annimmt, die Griechen hätten Aphrodite nicht mehr als göttlich verehrt, sondern nur noch als Sinnbild lustvoller Begierde gesehen. Sie blieb eine Gottheit.

Wenn man die Wut in Betracht zieht, mit der sich die frühen Kirchenväter auf Aphrodite gestürzt haben, mußte man eher zu der Annahme kommen, daß die Grie-

*Esquilinische Venus. Rom, erstes Jahrhundert n. Chr.*

chen sie bis zuletzt als Göttin verehrt haben und unter dem Einfluß der strahlenden Gefühlswelt ihrer Statuen und der ihr gewidmeten Dichtung für Aphrodite mehr individuelle Zuneigung aufbrachten als für den Rest des alten Pantheon. Warum aber? Weil sich die Göttin und das Liebesideal selbst den Zeiten angepaßt hatten? Weil zu den »Griechen« am Ende alle Völker gezählt wurden, die hellenisiert waren, aber keineswegs griechischen Ursprungs? Weil die hellenisierten Bewohner von Syrien und Ägypten und Nordafrika eine besondere, orientalisch geprägte Sinnlichkeit ererbt hatten?

Wenn sie noch vorhanden wären, würden wir kaum die

*Venus von Arles,*

*spätes 1. Jahrhundert v. Chr.*

Aphroditen der klassischen Periode am meisten bewundern, die kalten, übermenschlichen Schönheiten. Zugänglicher sind die hellenistischen Schönen, die sich auf eine Besonderheit ihrer Anmut, Nacktheit und Haltung konzentrieren, die ägyptischen Aphroditen im Louvre oder im Koptischen Museum von Kairo, oder die späten Aphroditen, die im wohlhabenden Rhodos entstanden. Nach Rhodos zu reisen lohnt sich, nicht wegen der Steinfragmente ihres Tempels beim großen mittelalterlichen Hafen, sondern wegen der kleinen kauernden Aphrodite oder wegen der fast nackten, überlebensgroßen, meersalzverwitterten Aphrodite des Meeres, welche die passende Gottheit zu sein scheint für eine Insel des Lichts, die einst ein Zentrum der Bildhauerkunst war. Rhodos war die Tochter Aphrodites und Poseidons und gebar dem Sonnengott Helios sieben Kinder.

*Wind und Welle. Gemälde von Franz Stuck.*

# APHRODITES ATTRIBUTE

## *Ihre Tauben*

Mit ihrer Muschelschale, ihrem *kestos* und ihren Delphinen haben wir uns schon früher befaßt. Aber als Göttin der Liebe hatte Aphrodite noch andere Attribute, die erklärt werden müssen: Vögel, Blumen und Früchte, die Ziege und den Abendstern.

Ein Attribut ist sowohl Objekt wie Symbol. Auf geheimnisvolle Weise besitzt es selbst die guten Eigenschaften der Gottheit, die es symbolisiert. Die Farbe, die Zartheit und der Duft von Rosen, ganz besonders der Duft mit seiner erregenden Macht; die Farbe wilder Anemonen; der Geruch von Myrrhe und Quitte; die Sanftheit der Tauben und ihr leises Gurren; Form und Gehalt eines Granatapfels; die tatsächlichen oder erdachten Eigenschaften von Wachteln oder Sperlingen – die Persönlichkeit einer Göttin der Liebeserfüllung wurde durch all diese Attribute ergänzt. Aber wenn wir diese Gegenstände aus unserer Sicht betrachten, an uns selbst erfahren, finden wir über die Jahrhunderte hinweg einen lebendigen Kontakt zu den Gefühlen und

Bedürfnissen, die Aphrodite personifizierte. Man rieche an einer Damaszenerrose und versetze sich in einen jungen Mann oder ein Mädchen hinein, die an einem schönen Aprilmorgen (Aphrodites Monat) vor zweitausend oder zweitausendfünfhundert Jahren zu ihrem Tempel hinaufstiegen, um ihre Gunst zu erflehen.

Es ist eine Wechselwirkung, die da stattfindet: Wenn uns die Rose aus unserem eigenen Garten etwas über Aphrodite sagt, sagt uns umgekehrt die Beschäftigung mit Aphrodite etwas Spezielles über die Rose und warum sie schon seit so langer Zeit die bei uns beliebteste Blume ist. Wir erfahren also etwas über uns selbst. In Rosen, Myrten, Tauben und Quitten zeigt sich diese Wechselwirkung am stärksten, weil diese Symbole noch heute verständlich sind. Wir dürfen aber nicht vergessen, daß Aphrodite in verschiedenen Formen präsent ist, daß auch ihre Gänse, ihre Ziegen und Tempeldirnen zu ihrem Wesen gehören.

Aphrodites Tauben und Rosen möchte ich zuerst erläutern, weil sie die Spur dieser Göttin von Asien nach Griechenland und von dort über ganz Europa nachzeichnen.

Den Griechen gefiel es, Verwandlungsgeschichten zu erfinden und weiterzugeben. (So wurde zum Beispiel die Nymphe Daphne zum Lorbeerbaum, als Apollon ihr nachstellte.) Warum die Tauben für Aphrodite heilig waren, wird ebenfalls mit einer Verwandlungsgeschichte erklärt: Aphrodite und ihr Sohn Eros trugen einen Wettstreit im Blumenpflücken aus. Als es so aussah, als werde Eros gewinnen, half eine Nymphe namens Peristera (= Taube) Aphrodite, so daß sie schließlich mehr Blumen hatte. Eros ärgerte sich darüber so sehr, daß er Peristera in eine Taube verwandelte.

Aber Aphrodite war nicht die erste – und nicht die letzte – Gottheit, der man diesen heiligsten aller Vögel zuordnete. Sie erbte die Taube von ihren eigenen Vorfahren, den Liebes- oder Fruchtbarkeitsgöttinnen des Nahen Ostens und der phönikischen Städte (und gab die Taube ihrerseits weiter an die Madonna der Christen).

Wir dürfen voraussetzen, daß zu Aphrodite Tauben jeglicher Art gehörten, die Felsentaube (die verbreitetste Wildtaube in Griechenland und auf den Inseln, ganzjährig im Lande) ebenso wie die Turteltaube, die im Frühling aus ihrem Winterquartier in Arabien und Afrika zurückkehrt.

Homer erwähnt wilde Tauben in Verbindung mit Zeus, nicht mit Aphrodite. Wilde Tauben brachten Ambrosia zu Zeus, zahme Tauben erwähnt er nicht, und es könnte sein, daß Tauben zuerst in den Tempeln des Nahen Ostens domestiziert wurden. Hosea, ein Prophet des achten Jahrhunderts v. Chr. aus Nord-Israel, der offenbar eine Tempeldirne ehelichte, »ein Weib der Hurerei«, beweist seine Vertrautheit mit assyrischen Tempeltauben, indem er von Ephraims Sproß als »törichter Taube ohne Herz« schreibt. Seinem Gott legt Hosea das Wort in den Mund, er werde Ephraim und Israel zittern machen »wie eine Taube aus dem Land von Assyrien«.

Zyprische Münzen zeigen Tauben, die auf Aphrodites Tempel in Paphos kauern, Tauben, die ohne Zweifel zugleich real und symbolträchtig waren. Andererseits sollte man meinen, daß für Tauben der eine Tempel so gut war wie der andere, und so wurden in Griechenland, als die großen Tempel sich ausbreiteten, domestizierte Tauben ganz von selbst zu Tempeltauben. Sie gurrten den lieben langen Tag herum, scharrten, schnäbelten und verfolgten einander über die Gesimse. Im *Ion* des

Euripides zum Beispiel spielen die zahmen Tauben in Apollons delphischem Tempel eine Rolle.

In sämtlichen Tempeln zu Hause, blieb die Taube dennoch Aphrodites Vogel. Ursache dieser Affinität war die Tatsache, daß Tauben sanft und zärtlich sind. Der Schwan hingegen wurde als Vogel Apollons bezeichnet, weil er Anmut, Würde und

*Venus und Cupido.*

*Gemälde von Annibale Carracci.*

schneeweiße Reinheit verkörpert, hoch fliegen kann und mit dem langsamen Schlag seiner Schwingen eine großartige Musik zu erzeugen vermag. Tauben gurren besänftigend. Ihr Gurren ist die Melodie der Verführung, und ihre besänftigende Eigenschaft wirkt sich auf die Stimmung nach dem Höhepunkt aus.

Die Griechen wußten diese Sanftheit der Tauben und ihre Schönheit wohl zu schätzen. Sie nahmen an, daß Aphrodites Vögel treue Liebhaber waren, daß Taubenpaare ein Leben lang zusammenblieben (was für Turteltauben zutreffen mag). Man konnte sich leicht vorstellen, daß diese Vögel auch als Liebesboten fungierten.

Aller Respekt und alle Zuneigung bewahrten die Taube indessen nicht vor dem Altarfeuer. Junge griechische Männer und Frauen wollten sich Aphrodites Gunst versichern, indem sie Terrakottaflaschen mit Duftwasser brachten, die Aphrodites Gestalt hatten. Sie brachten leuchtend bemalte Statuetten, ebenfalls in Gestalt der Göttin, die auf ihrem gebeugten Arm eine Taube gegen ihren Leib hielten. Aber sie brachten auch lebendige Tauben, die man in der Nähe des Tempels in Käfigen verkaufte.

Die Felsentauben und wilden Turteltauben hatten da wesentlich mehr Glück. Wir können uns vorstellen, daß die Turteltaube ein rechtes Sinnbild für Aphrodites Zärtlichkeit abgibt, mit ihren sanften Grautönen, ihrer Stimme, ihren Gewohnheiten und ihrem freundlichen Zutrauen zu Menschen. Die griechischen Dichter jedoch scheinen die Turteltaube eher negativ zu betrachten: als einen Vogel, der immerzu schwatzt. Deshalb wurden insbesondere Frauen mit Turteltauben verglichen.

# *Ihre Rosen*

Rosen und Liebe, Rosen und schöne Frauen in Verbindung zu bringen, ist ein von den Griechen übernommenes Erbe. Für die Griechen gehörten Rosen vor allem zu Aphrodite und ihrem Sohn Eros (der bei seiner Tätigkeit zuweilen mit einer Rose in der Hand dargestellt wird) und zu den Grazien, die ihr so häufig beistehen. Selbst in Euripides' grimmigem Schauspiel *Medea,* wo sich der Chor der Frauen lebhaft gegen die Leidenschaft der Liebe verwahrt, ist im gleichen Atemzug davon die Rede, daß Aphrodite stets duftende Rosen in ihr langes Haar windet.

Bei den Griechen war der Glaube verbreitet, daß die Entstehung der Rosen zum gleichen Zeitpunkt erfolgte wie Aphrodites Geburt. In dem Augenblick, als im Meer die junge Göttin entstand, erwuchs auf Erden ein neuartiger Busch. Die heilige Götterversammlung schüttete Tropfen von Nektar auf die Zweige, und jeder Tropfen wurde zu einer Rose (womit die Rosen auf Botticellis Gemälde doppelte Bedeutung bekommen).

Ein paar griechische und später auch römische Dichter bevorzugten eine andere, zweifellos ebenfalls aus Zypern stammende Version, wonach die ersten Rosen aus dem Blut des Adonis erwuchsen, als er von dem Eber getötet wurde, so wie die ersten Anemonen sich aus den Tränen entwickelten, die Aphrodite um den Geliebten vergoß.

Es könnte stimmen, daß die Rose mit Aphrodite nach Zypern kam und von dort nach Griechenland wanderte. Die Gartenrose könnte sich von Persien nach Syrien und Kleinasien verbreitet haben und von dort nach Griechenland und auf die Inseln. *Rhodon*, das griechische Wort für Rose, stammt aus dem Persischen; es war ein altiranisches Wort, eine exotische Bezeichnung für eine exotische Blume.

Welche Rosensorten brachte man nun aber unmittelbar mit der griechischen und phönikischen Göttin in Verbindung? Es kämen Rosensorten in Frage, die wir als Gallische Rose oder Damaszenerrose kennen. Bei beiden Arten gibt es ein kräftiges Rosa, das dem Blut des Adonis entsprungen sein könnte. Sie sind auch rosig genug, um das tiefe Erröten wiederzugeben, das sich über das Gesicht eines Mädchens breitet, wenn es sich zum ersten Mal verliebt.

Der Duft der Rosen und seine emotionale Wirkung spielten für Aphrodite eine bedeutende Rolle. Die drei Pflanzen, die im Zusammenhang mit Aphrodite am häufigsten auftauchen, sind sämtlich wohlriechend: Rose, Myrte und Quitte. Die Sommer-Damaszener jedenfalls verströmt jene würzige, leicht bittere Süße, die aphrodisisch genannt werden kann. Ein Mann, der den Duft von Blüten und Blättern auszunutzen verstand, behauptete, daß süße Düfte die Lust zum Werben anrege. Düfte sind ein Anreger der Lust, die in Aphrodite personifiziert und vergöttert wurde.

Der frische Duft von Rosen und die Berührung von kühlen Rosenblättern vermittelt die Vorstellung von frisch duftenden, kühlen Mädchenkörpern. Und der Duft vermittelt die Vorstellung von Göttlichkeit. »Die Rose ist der Duft der Götter«, schrieb im sechzehnten Jahrhundert Pierre de Ronsard in einem seiner griechisch inspirierten Gedichte. Und er hatte recht. Außer Aphrodite und Eros gab es noch andere Götter in anderen Religionen, die man sich in Verbindung mit Rosenduft vorstellte.

Das ist also die Rose, duftend, zart (für die Griechen vielleicht auch ein Symbol der Körperpartie, die Aphrodite auf ihren hellenistischen Statuen so deutlich versteckt oder schützt?), errötend, zerbrechlich, vergänglich, feminin. Und die Stengel und Zweige der Rose haben Dornen wie alle Herzensaffären auch. Die Rose erblüht im Frühling der Ägäis und des Mittelmeeres (Ovid sagt, daß die ersten Frühlingsrosen Aphrodite dargebracht wurden), und im Frühling kommt auch die Liebe. Die symbolische Parallele ist perfekt.

Rosafarbene und rote Rosen sind also aus dem Blut des Adonis erwachsen und aus verschütteten Tropfen göttlichen Nektars. Was aber läßt dann einige Rosensorten, auch wilde, so einfarbig und unverwechselbar weiß blühen?

Aphrodite hat in jedem Fall damit zu tun. Ursprünglich waren alle Rosen weiß. Als Aphrodite jedoch herbeieilte, um Adonis vor dem eifersüchtigen Ares zu schützen, der ihren Geliebten in Gestalt eines Ebers verfolgte, stach sie sich mit Rosendornen in den Fuß, und ihr Blut tropfte auf die weißen Blütenblätter.

Das jedenfalls behaupteten die Zyprer und die Phöniker, wenn man Philostratos, dem Athener, glauben darf, der im dritten Jahrhundert v. Chr. lebte und *Briefe über die Liebe* verfaßte. Die Bewegung, mit der Aphrodite sich den Dorn aus ihrem Fuß zieht, wurde typisch für viele ihrer Statuen.

Eros führte bei einem Fest der Götter den Tanz an und stieß mit seinem Flügel einen Nektarbecher um, berichtet ein anderer Mythos. Auf diese Weise fielen Nektartropfen zur Erde und verwandelten weiße Rosen in rote.

Nur in der Mythologie können widersprüchliche Geschichten so unbefangen und gleichberechtigt nebeneinander existieren, jede eine Bestätigung für die Situation, aus der sie entstanden ist.

Diese Aphrodite zugeschriebene Rose hat zartrosa Blüten. Und wenn das auch für unsere Botticelli-Vision einer jungen Göttin durchaus angemessen erscheint, so reicht dieser Farbton doch nicht ganz für das tiefe Erröten der Liebe, für die blutige Rose des Adonis oder die Rose aus Aphrodites Blutstropfen.

Die vom Himmel fallenden, windgetriebenen Rosenblüten auf Botticellis *Geburt der Venus* sind sogar nur eine getönte Art der *Rosa alba* (der weißen Rose). Auch diese Rosensorte wurde von den Griechen gezüchtet und an das Abendland weitergegeben. Auch sie hat in der kleinen weißblühenden *Rosa phoenicia* syrische Vorfahren.

## Ihre Myrten

Wenige Bäume oder Sträucher hatten für die Griechen und später für die Römer so viel Bedeutung wie die Myrte. Myrtenduft bedeutete Glück. Der *Myrtus communis* ist immergrün, duftend und schön. Die Griechen zogen die Myrte in verschiedenen Arten, am Mittelmeer, und an der Ägäis wächst sie auch wild als Bestandteil des

Buschwalds, am Rand von Wasserläufen oder auf Felsen am Meer. Vielleicht trug ihre Gewohnheit, am Wasser zu gedeihen, dazu bei, daß sie mit Aphrodite in Zusammenhang gebracht wurde, so als habe sie Aphrodite am Ufer empfangen oder sei wie die Rose mit ihr gekommen.

In den *Fasti*, seinem langen Gedicht über die Jahreszeiten und die Feste des Jahres, gibt Ovid uns Auskunft über die Myrte. Am ersten April, so meint er, sei es die Pflicht der Frauen, Mädchen und Dirnen, die Standbilder der Venus gründlich zu waschen, ihnen wieder ihre goldenen Halsbänder anzulegen, ihnen Rosen und andere Blumen zu geben. Danach sollten sie sich, dem Wunsch der Göttin entsprechend, unter einem grünen Myrtenbaum waschen.

Myrten hinterlassen Glanz. Sie sind übersät mit winzigen ölhaltigen Poren. Ihr Duft haftet an der Haut. An sonnigen Tagen hüllt sich der Myrtenstrauch in einen Mantel seines eigenen Duftes.

Auch die weißen Blüten, kaum zentimetergroß, duften süß und enthalten Bündel gelbkroniger Staubgefäße. Im Mai und Juni ist ein dichter Myrtenbusch mit Tausenden und Abertausenden duftender Sterne besät. Duft, Beständigkeit, Gestalt und Eigenart – die langen ovalen Blätter, die Art, wie sie einander gegenüberstehend an den Zweigen wachsen und wie die Blüten jeweils einen einzelnen Stiel krönen – machen die Myrte zur idealen Pflanze für Kränze, welche die Griechen bei jeder passenden Gelegenheit trugen, in der Öffentlichkeit oder privat.

Die Myrte kam auch bei anderen Gelegenheiten und durch andere Gottheiten zu festlichem Ansehen, aber ihre göttliche Verbindung zu Aphrodite war die bekannteste und intimste zugleich. Die Griechen verbanden auf freimütige Art die duftenden Blüten, Blätter und Stengel mit der Liebe und ihren vielfältigen Freuden. Bräute trugen Myrten zur Hochzeitsnacht und als Symbol bevorstehender Wonnen – der Kranz war nicht das Hochzeitssymbol der Jungfräulichkeit und Unschuld wie heute. Auch für die griechische Braut mögen es wünschenswerte Qualitäten gewesen sein, aber im Zusammenhang mit der Göttin des Liebesaktes gehörten sie nicht zu den Grundtugenden.

Auf Zypern ist die wilde Myrte verbreitet. Zur Osterzeit streuen die Zyprer Myrten auf ihren Kirchenboden. Und vielleicht lebt in dem Inselbrauch, Myrtenblätter zu einer duftenden Badeessenz zu verarbeiten, noch ein Stück Aphrodite-Kult fort.

# Lichtnelke, Lotos und Wasserminze

Es gibt noch eine andere Blume Aphrodites, die wir in unseren Sommergärten züchten: zum Beispiel die reizvolle Lichtnelke *(Lychnis coronaria)*, die ihren Ursprung als wildwachsende Blume in Griechenland und Südosteuropa hat.

Die Griechen nannten sie *luchnis stephanotike,* die Lychnis oder Lampenblume, die für Kränze benutzt wurde, welche man sich um den Kopf wand. Athenaios erzählt, daß die Lichtnelke mit ihren zarten Blättern und ihren vollen karminroten Blüten, die im Mai aufgehen, stets dort erblühte, wo Aphrodite badete.

*Aphrodites Attribute*

Der gleichen griechischen Quelle zufolge wuchsen die schönsten Lichtnelken in der Nähe der verschiedenen Heiligtümer von Hephaistos und Aphrodite – in Zypern, Kythera und auf dem Berg Eryx in Sizilien also, wo Aphrodites mächtiger Tempel aufs Meer hinausblickt. Aber auch auf der Insel Lemnos in der nördlichen Ägäis, auf der Vulkaninsel Stromboli und den Liparischen Inseln gegenüber der südwestlichen Küste Italiens.

Aphrodite mit der Lotosblume ist eine griechische Göttin mit Attributen der ägyptischen Isis, Göttin der Erde und des Wassers, deren Verehrung sich über den Mittelmeerraum ausbreitete, nachdem Alexander der Große 332 v. Chr. Ägypten unterworfen und die von ihm gegründete Stadt Alexandria ihren Aufstieg erlebt hatte.

Es ist dieser blaublühende ägyptische *Lotos Nymphaea caerulea* (gleicher Herkunft wie die gelbe und weiße Wasserlilie der englischen Flüsse), mit dem üblicherweise die ägyptischen Grabkammern bemalt wurden und den man, zu Girlanden gewunden, auf den Körpern der Toten fand (Tutanchamun eingeschlossen). Seine blaßblauen Blüten duften süß, aber verhalten. In den Teichen und Tümpeln des Deltas ist er noch immer eine verbreitete Blume. Auf den Grabmalereien tragen ägyptische Mädchen voll Anmut eine einzelne blaue Lotosblüte auf ihrer Stirn, an einem Stirnband oder einer Kopfbinde befestigt. Die weiße Lotosblume hat keinen Duft, aber während die Blüten des blauen Lotos sich für drei Tage öffnen, gehen die des weißen

Lotos am Abend auf und bleiben bis zum Mittag des folgenden Tages offen. Dann sinken sie ins Wasser zurück. Es ist, als ob im Wechsel von Tag und Nacht die Blume der Sonne aufgeht, sich auf dem Wasserspiegel öffnet und wieder versinkt, um neue Kräfte zu sammeln.

Eine Zeile in Ovids *Fasti* bringt Aphrodite ganz deutlich mit der Wasserminze in Verbindung, oder jedenfalls mit der Pflanze, welche die Griechen *sisombrion* nannten. Von dem griechischen Arzt Dioskorides wurde sie als der Gartenminze ähnlich beschrieben, mit breiteren Blättern und süßerem Geruch (er erwähnt, daß sie für Girlanden benutzt wurde). In den *Fasti für April* – Aphrodites Monat – erinnert Ovid die Dirnen von Rom daran, daß sie am 22. April Venus ihre Opfergaben zu bringen hätten (zum Fest der *Vinalia*, wenn Jupiter der neue Wein aus der Lese des letzten Herbstes geweiht wurde). Da die Göttin ihnen zu ihrem Verdienst verholfen habe, müßten die Mädchen Räucherwerk, Myrten, Rosenkränze und ihre Lieblingspflanze *sisymbrium* bringen und zu ihr beten, daß die Göttin sie schön, begehrenswert und beliebt erhalte.

Wasserminze *(Mentha aquatica)* wächst in ganz Europa und im westlichen Asien. Tritt man auf morastigem Boden auf sie, steigt sogleich der etwas beißende Geruch hoch und bleibt in der Luft hängen.

Ich würde ihn als einen der erfrischendsten und belebendsten aller Pflanzendüfte bezeichnen, so recht geschaffen für eine Göttin.

# Quitte und Granatapfel

Auch bei der Quitte geht es um die Macht eines Duftes, um den Duft von schwellenden, reifenden Früchten. Doch die erste Verbindung zwischen den Quitten und Aphrodite kommt durch die Quittenblüten zustande. Im Vorfrühling, dem Beginn der Jahreszeit der Liebe, geben die fünf Kelchblätter der Quitte eine äußerst feste, spitze Knospe frei, die zunächst mehr braun als rosa ist. Die Knospe schwillt an und steht aufrecht, bis sie sich zu einer rosengleichen Blüte von zartem Rosa öffnet, deren Blätter von einem feinen Adernetz überzogen sind.

In den Gärten von Sizilien oder auf Samos mag kaum etwas Lieblicheres gegeben haben als einen Quittenbusch oder Quittenbaum mit seinen Knospen und offenen Blüten. Die Blüten besitzen natürlich auch ihren Duft, nicht sehr stark, aber süß und betörend, wenn man nahe genug herangeht – ähnlich dem Duft der Narzissen.

Ihrer Gestalt und dem zartgrauen Flaum gemäß, der die feste Frucht überzieht, wurden junge Quitten gern mit den Brüsten junger Mädchen verglichen. Leonidas von Tarent schrieb im dritten Jahrhundert v. Chr. ein Gedicht auf das berühmte Aphrodite-Bild des Apelles. Der Maler sieht sie als neugeboren, noch vom Schaum umspielt. Aus ihren Augen strahlt das stille Leuchten der Liebe, und ihre Brust, »ihren Lenz kündend, ist eine Quitte«. Quitten wachsen, reifen, färben sich gelb und entwickeln einen Duft, der genau der betörenden Schärfe von Aphrodisiaka entspricht. Einige Quitten, die in einer Schale reifen, können ein ganzes Zimmer mit ihrem Duft füllen.

Jedermann wußte, daß Quitten Liebe bedeuteten, daß Aphrodite in ihrem von Vögeln gezogenen Wagen nicht nur Myrten und Rosen, sondern auch Quitten mitnahm und daß der Genuß von Quitten den Appetit im Bett hebt (wozu man sie kochen und süßen muß, weil sie von Natur so hart und bittersüß sind wie die Liebe). Wie Plutarch zwei jungen frischverheirateten Freunden erklärt, empfahl Solon, der große Athener Gesetzgeber des sechsten Jahrhunderts v. Chr. (der auch ein Dichter war), jungverheirateten Mädchen, Quitten zu essen, bevor sie mit ihrem Gemahl zum ersten Mal das Lager teilten, weil ihr Genuß Harmonie und Freude versprach.

Aphrodites Quitten kamen wie ihre Rosen aus dem Orient nach Griechenland. Die Griechen nannten sie Kydonianische Äpfel, weil sie glaubten, daß sie aus der alten Stadt Kydonia auf Kreta kämen. In Wahrheit ist die Quitte aber keine Frucht aus der Mittelmeerregion, sondern aus Zentralasien. Ihre Heimatländer sind Transkaukasien, Turkestan und Persien.

Mysteriöser als die Quitte, hat der Granatapfel weniger mit Aphrodite zu tun als mit Hera, der großen Göttin der Mutterschaft und Ehe; und mit Demeter, der Erntegöttin, der Herrscherin der Jahreszeiten, sowie mit ihrer Tochter Kore oder

*Venus Herzenswenderin (Venus Verticordia). Gemälde von Dante Gabriel Rossetti, 1864-1868 (mit den klassischen Attributen der Aphrodite).*

Persephone. Und in Kleinasien gehörte er zum Kult der Kybele, die der Demeter als Mutter-Göttin entspricht. Aber der Granatapfelbaum ist – wiederum nach Athenaios – das einzige, was Aphrodite auf ihrer Insel Zypern tatsächlich gepflanzt haben soll. Die strahlendroten Blüten öffnen sich im Mai, aber als Symbol zählte die Frucht, die von einem übergroßen Kelch umschlossen wird. Die Frucht ist wie ein Mutterleib mit einer Öffnung, gefüllt mit Samen von durchscheinendem Rosa, die fast wie gefärbte Perlen aussehen (unser Wort Granatapfel kommt vom lateinischen *pomum granatum*, »Frucht mit Samen«).

So ist der Granatapfel das Symbol sowohl für das körperliche Geheimnis der Frau als auch für den Zugang zu diesem. Er gehörte zu Aphrodite ebenso wie zu jeder anderen Göttin der Fruchtbarkeit und Sexualität.

Granatäpfel fand man auch im unterirdischen Reich der Toten, wo Kore oder Persephone lebte, seit Hades sie vom Feld der Blumen geraubt hatte. Bevor Kore zur Erde und zum Licht zurückkehren durfte, damit die Pflanzen und die Saat wieder gedeihen konnten, überredete der Totengott sie, nur einen einzigen Samen des Granatapfels zu schlucken (all das wird in der *Homerischen Hymne* an Demeter erzählt). Nachdem sie aber von der Frucht gegessen hatte, welche die Ehe symbolisierte, war sie unentrinnbar an Hades gebunden und mußte jedes Jahr zur Winterszeit in seine Arme und in sein Totenreich zurückkehren.

# Aphrodites Vögel und Ziegen

Der Adler für Zeus, der Pfau für Hera (er spreizt sein sternenbedecktes Schwanzgefieder für die Himmelskönigin), die kleine Eule für Athene, die Ente für Poseidon, die Taube für Aphrodite – und für Apollon der Rabe und die Krähe als Botschafter, vor allem aber der Schwan. Wie kommt es aber dann, daß Aphrodite häufig auf Vasen, Bronzespiegeln und so weiter auf einem Schwan reitend dargestellt wird? Seitwärts im »Damensattel« sitzend, während der Schwan durch die Lüfte fliegt?

Für Apollon, den Gott der Eingebung, der Weissagung und der Dichtung, der Musik und des Tanzes, vertraten die Schwäne die Kunst des Gesanges. Sieben Schwäne flogen über Delos und sangen zum Rhythmus ihrer Schwingen, als Leto auf der Insel Apollon gebar. Schwäne sind die heiteren Vögel der Flüsse und Seen; sie fühlten sich Apollon so zugehörig, daß sie in der Vorahnung ihrer Todesstunde süße Gesänge anstimmten, jedoch, wie die Sterblichen deutlich heraushörten, mit einer Spur Traurigkeit darin.

*Statue des Apollon.*

Wo sie mit einem Schwan dargestellt wird, hat sich Aphrodite einen von Apollons Vögeln geliehen; auch sie hat mit den Südwestwinden den Frühling und Sommer zurückgebracht und eilt durch die sanfte Luft, um Apollon in Delphi zu treffen. Liebe, Gesang, Tanz, Aphrodite, die Jahreszeiten, die Grazien, die Musen und Apollon – alle treffen sich wieder. Römische Dichter spannten vor Aphrodites Gefährt statt Sperlingen Schwäne. Die Idee ist nicht griechischen Ursprungs. Für die Griechen ist Aphrodite auf Apollons weißem Schwan die Wiederkehr der Jahreszeit, die der Liebe gehört.

Was soll man zu der Behauptung sagen, der Sperling, der simple Hausspatz, sei Aphrodites Vogel gewesen? Fast tausend Jahre lang mußten die Griechen davon ausgehen, daß Aphrodites Gefährt nicht von Schwänen, sondern von Spatzen gezogen wurde. In Sapphos Gebet an Aphrodite wurde Aphrodite von schönen, schnellfliegenden Spatzen aus dem goldenen Haus des Zeus durch den Himmel und die Lüfte zu unserer schwarzen Erde gebracht. Sapphos Leserinnen und Leser wußten, warum. Sie sahen ja selbst, daß die Spatzen lüsterne und sinnenfrohe kleine Vögel waren.

Schon Sappho war sich des Umstands bewußt, daß es Spatzen überall trieben: auf Wegen, Pflastersteinen, Dächern, auf Köpfen und Schultern von Statuen, ohne sich einen Deut um die Zuschauer zu kümmern. Die Griechen glaubten, daß der Verzehr von Spatzen oder Spatzeneiern den Appetit auf Liebe anregte.

Wachteln und Gänse waren ebenfalls Vögel, die Aphrodite von denen als Opfer annahm, die eine Liebesgunst erflehten. Der Grund war ähnlich: Wachteln waren bekannt dafür, daß sie ihre Weibchen bei jeder sich bietenden Gelegenheit befruchteten. Aelian nennt die Vögel, die ständig hinter den Weibchen der anderen her sind, »lüstern und treulos«. Diese unersättlichen Vögel wurden auch der Homosexualität bezichtigt. Hähne, die ihre Hennen verloren, wandten sich prompt dem eigenen Geschlecht zu. Aphrodite, die ja auch die Göttin der gleichgeschlechtlichen Liebe bei Männern und Frauen war (wie sie in Gedichten und Gedichtfragmenten von Sappho dargestellt wurde), störte sich nicht weiter daran.

Aelian behauptet, daß auch Gänse »sehr heiß und feurig von Natur« seien, weshalb sie gezwungen wären, im Feuchten umherzuwatscheln und Gras und andere nasse, kühlende Pflanzen zu fressen. Sie vergnügten sich im Wasser wie Aphrodite im Meer. Es gibt Terrakotten mit Aphrodite auf einer Gans und Vasenmalereien, auf denen sie auf einem Gänserücken durch die Luft getragen wird.

Und dann die Ziegen. In einigen Tempeln wurde Aphrodite unter einem Ziegennamen verehrt: *Aphrodite Epitragia,* Aphrodite vom Ziegenbock. Skopas, der geniale Bildhauer der klassischen Periode, schuf für ihren Tempel in Elis eine Aphrodite, die auf einer Ziege reitet.

Ziegenböcke sind von sprichwörtlicher Geilheit. Ihr Geruch wurde von jeher mit Sexualität in Verbindung gebracht. Aelian behauptet, daß sie sogar mit Frauen kopulierten. Bocksgeruch und Rosenduft, Duft von Quitten und Myrten: Aphrodite konnte sie miteinander vereinbaren und schätzte jeden für sich.

Immerhin sind junge Ziegen reizend (ebenso wie Gänseküken), und der ausgewachsene Ziegenbock wird sich sehr liebevoll gegen seinen Besitzer zeigen, wenn man ihn nur richtig behandelt. Sex und Zärtlichkeit, Lüsternheit und Zuneigung, die Königin des Himmels fand, daß sie zusammengehörten.

# LIEBEN UND STERBEN

## *Der Abendstern*

Ischtar erschien am Himmel Assyriens und Babyloniens in Gestalt des Abendsterns (und des Morgensterns). Das Emblem der großen Ahnin von Liebe, Krieg und Fruchtbarkeit war ein Stern mit acht Spitzen.

Die Griechen dagegen besaßen keine Stern-Gottheiten. Für sie stammte Aphrodite von Astarte ab und Astarte von Ischtar. Sie blickten aber nicht zum Himmel auf und riefen: »Da ist Aphrodite!«, wenn nach Sonnenuntergang über ihren Häusern und Tempeln der Abendstern aufging. Für sie gehörte der Planet zu Aphrodite, wie er zur Liebe gehörte oder die Liebe inspirierte, erregend und betäubend zugleich. Sie nannten ihn sowohl *hesperis aster*, »Stern des Abends« (der Zeit für die Liebe), als auch *phosphoros aster*, »Stern, der Licht bringt«, oder *heosphoros aster*, »Stern, der die Morgendämmerung bringt« und die Liebenden mahnt, sich rechtzeitig vor Sonnenaufgang zu trennen.

Allmählich gewöhnten sich die Griechen und die Römer an den Gedanken, daß der am blauen Abendhimmel schwebende und im Morgenlicht leuchtende Stern die Göttin selbst war und nicht nur ihr Zeichen. Als die Römer den Planeten Venus nannten, gaben sie ihm eine Identität zurück, die er schon in der Religion Babylons gehabt hatte, das nach dem Eroberungszug Alexanders des Großen ein griechisches Königreich geworden war. Der Stern, der Planet Venus, ist seither geblieben.

Für uns ist es wohl das Erscheinen oder Wiedererscheinen des Abendsterns, das am unmittelbarsten an die Göttin der Liebe erinnert.

## Aphrodite und die Unterwelt

Von einer Göttin des Lebens kann man erwarten, daß sie auch etwas zu tun hat mit Tod und Unterwelt. Das Leben endet mit dem Tod. Die Toten gehen in die Unterwelt, aus der dann das Leben wiederaufersteht. So kommt der ewige Kreislauf zustande.

*Kopf der Aphrodite.*

Aphrodites östliche Vorfahren verkörperten Auferstehung und Wiedergeburt. Auch Aphrodites Beziehung zu dem unglücklichen Adonis ist gespalten, dessen Kindheit und Jugend sie mit Persephone, der Königin der Unterwelt, geteilt hatte.

Auch sollten wir nicht Aphrodites Beziehungen zu Hermes vergessen, diesem ganz griechischen Gott arkadischen Ursprungs, dem Gott der Fruchtbarkeit von Mensch und Tier, der unter anderem die Aufgabe hatte, die Seele der Toten zu geleiten und Botschaften vom Olymp zu Hades in sein finsteres Königreich zu bringen.

Wir wissen, daß es in Delphi, zumindest im ersten und zweiten Jahrhundert v. Chr., einen Kult der *Aphrodite Epitymbia* gegeben hat, einer Aphrodite des Grabes. Die Nähe ihres Standbilds lockte die Toten nach oben, wo sie sich an den ausgegossenen Trankopfern labten. Andernorts, wie in Argos und Lakonike, war sie ehemals bekannt als Aphrodite die Grabräuberin, *Aphrodite Tymborochos*, vielleicht ebenfalls, weil man ihr die Macht zuschrieb, Tote zurückzubringen.

Dann gibt es Spuren einer *Aphrodite Skotia*, einer Aphrodite der Finsternis, in Ägypten und Kreta. Außerdem gab es in Mantinea in Arkadien, in Korinth – der Stadt der Reisenden, der fremden Kaufleute und ausländischen Einflüsse – sowie in Thespiai eine *Aphrodite Melainis*, eine Schwarze Aphrodite. Ein Tempel dieser Schwarzen Aphrodite stand am Rand von Korinth neben dem Grabmal der Lais in einem Hain von Zypressen. Dieser Baum, der Tod und Trauer symbolisiert, ist dem Hades geweiht.

Diese Aphroditen sind Ausnahmeerscheinungen. Wir wissen wenig über sie. Wenn man diese dunklen Namen hört, kann man sich vorstellen, daß die ewig schöne, ewig junge Göttin, die das Verlangen schürte und der Erde jeden Frühling zu neuem Leben verhalf, auch angerufen wurde, um den Tod abzuwenden, indem sie die Wiedergeburt verhieß.

# APHRODITE WIRD VENUS

Wie kommt es, daß die Aphrodite der Griechen uns vor allem unter dem römischen Namen einer anderen Göttin bekannt ist? Wie ist sie zur Venus geworden?

Sandro Botticelli malte eine *Geburt der Venus,* nicht der Aphrodite. Nicht Aphrodite, sondern Venus fällt uns ein, wenn der Name Adonis genannt wird.

Als der Louvre die *Aphrodite von Melos* übernahm, war und blieb die Statue die *Venus von Milo.* Wie konnte die römische Venus – zumindest bis zur jüngeren Wiederentdeckung der griechischen Welt – Aphrodite so völlig ersticken?

Übernahmen die Römer in Italien diese Göttin der Griechen auf dem Weg über ihre griechischen Nachbarn im Süden Latiums, ihrem ersten Territorium, oder auf dem über ihre etruskischen Nachbarn im Norden, um sie dann zu einer individuelleren, weniger mythologisch belasteten eigenen Gottheit zu machen?

*Statue der Venus.*

Von Rom waren es über den Tiber nur ein paar Meilen zu den nächstliegenden etruskischen Städten, deren eigene starke Kultur den Griechen vieles verdankte. Auch in der anderen Richtung, nach Latium im Südosten, zu einigen der ältesten hellenistischen Kolonien in der Campania am italienischen Stiefel, nach Kyme oder Cumae, das schon 757 v. Chr. gegründet wurde, und dann nach Pythecusa (Ischia), Neapolis (Neapel) und Poseidonia (Paestum) war es nicht weit. Jahrhundertelang war griechische Kultur in die Campania, nach Latium und auch Etrurien eingedrungen. Rom unterwarf sich die griechischen Städte der Campania, Süditaliens und Siziliens, und schließlich trat Rom im Jahr 146 v. Chr. die Herrschaft über Griechenland selbst an.

Die hochstehende Kultur der Griechen jedoch war stärker als die Waffen der Sieger. So kam es, daß die kargeren und im Rückblick auch weniger bedeutenden Gottheiten von Rom sich den praktischen Anforderungen anpaßten, indem sie sozusagen eine »zweite Besetzung« der Griechengötter spielten: Kronos wurde zu Saturn, Zeus zu Jupiter, Hera zu Juno, Demeter zu Ceres, Kore zu Proserpina, Athene zu Minerva, Ares zu Mars, Hephaistos zu Vulcanius, Aphrodite zu Venus.

Sie übernahmen auch die Eigenschaften, die man den menschenähnlichen Charakteren der griechischen Götter und Göttinnen zuschrieb. Sobald die Römer an der Macht waren, wurden die Götterbilder aus den griechischen Städten entwendet und nach Rom gebracht. Sie wurden aus griechischen Tempeln in römische Tempel verpflanzt und dort unter ihren neuen Namen verehrt. Roms Macht mitsamt seiner Staatskunst, seiner Sprache, seiner Literatur und Architektur und seinen römisch-griechischen Göttern breitete sich nach Westen, Norden und Nordwesten aus.

In römischer Interpretation erlangte Europa seine Kenntnisse über die Antike. Griechenland wurde zuerst und für lange Zeit aus römischer Perspektive gesehen.

Italien und Rom waren fest in christlicher Hand. Rom galt als das Zentrum des westlichen Christentums. Byzanz, das Zentrum des griechischen Christentums, lag weit ab im Osten. Die Überreste hellenischer Zivilisation in ihren Ursprungsländern, auf den Inseln, in den Küstenzonen Kleinasiens und Nordafrikas lagen nicht nur in weiter Ferne, sondern auch in türkischen oder arabischen Händen und waren dadurch nicht so leicht zugänglich.

## Venus, Venerem, Venia

Die ursprüngliche Schöpfung der Venus – der Venus von Rom oder Latium – bleibt ein Mysterium. Schon der Name Venus ist geheimnisumwoben: ein sächlicher Name für eine weibliche Gottheit? War die Göttin ein Neutrum? Es gibt keine sicheren Anzeichen für die ursprüngliche Existenz der Venus, nichts, was auf eine Göttin hinweist, die so natürlich und so einfach mit Aphrodite gleichzusetzen war wie Ceres mit Demeter oder Ares mit Mars. Die Etrusker brachten ihre Göttin Turan mit Aphrodite zusammen, aber wie sollte die Venus der Lateiner dazugekommen sein? War sie eine Naturgottheit? Eine Göttin der Fruchtbarkeit und der schönen Gärten? Zwar wurde Venus mit Gärten und Frühling in Verbindung gebracht, aber das ist mit einiger Sicherheit nur als Folge dessen zu sehen, daß sie später mit Aphrodite identifiziert wurde, die durch ihre Verehrung und ihre Tempel in den griechischen Kolonien, den griechischen Stadtstaaten in Italien, bekannt war.

Der Schlüssel zur Venus liegt in ihrem Namen. Für sich gestellt, bedeutet das sächliche Wort *venus* die Kraft von Zauberei. *Venus* war die Macht von Beschwörungen und Gebeten, mit denen sich der Mensch der Gunst der Götter versicherte. Es soll auf den Wortstamm *wen* in der indoeuropäischen Sprache zurückgehen, aus der sich Sanskrit, Griechisch, Lateinisch ebenso wie Deutsch und Englisch herleiten. Der Wortstamm *wen* hat die Grundbedeutung von »wünschen«, »begehren, »ge-*win*-nen« (mit dem er urverwandt ist).

In diesem Zusammenhang hat *venus* viele verwandte Begriffe im Lateinischen. Zum Beispiel bedeutet *venia* Huld oder Gnade der Götter. *Venerari* oder *advenerari* hieß, sich diese göttliche Gnade durch magische Elemente zu erhalten. Ebenso verwandt ist *venenum* (der Stamm des englischen *venom*, *venomous* = Gift, giftig), was nicht unbedingt Gift bedeuten mußte, sondern Zaubertrank oder Droge, jedenfalls ein Mittel, um sich die göttliche Gunst zu erhalten.

Dieses *venus* zur praktischen, hilfreichen Anwendung, diese Kraft, einen Wunsch zu unterstützen, wurde (Neutrum oder nicht)

*Venus. Gemälde von Albert Moore, 1869.*

zu einer Göttin personifiziert, einer Göttin, die Gunst gewähren und Wünsche erfüllen konnte. Und diese Göttin, mit ihrem femininen Akkusativ *Venerem*, die man südlich von Rom in Lavinium in einem Tempel an der Via Appia verehrte, wurde bald mit Aphrodite in Verbindung gebracht bzw. gleichgesetzt. Sie erfüllt unsere geheimsten und leidenschaftlichsten Bitten. Sie war die Mutter des Aeneas, welcher der Überlieferung nach der Stammvater der Römer war und der die Stadt Lavinium gründete, die er nach seiner Frau Lavinia benannte.

Rom besaß bereits 295 v. Chr. (etwa hundertfünfzig oder zweihundert Jahre nachdem man in Lavinium mit dem Venuskult begonnen hatte) den ersten Tempel der *Venus Obsequens*, der gnadenspendenden Venus. Ein halbes Jahrhundert später, 241 v. Chr., am Ende des ersten Punischen Krieges gegen die Phöniker von Karthago, bemächtigten sich die Römer der Insel Sizilien, stürmten den Berg Eryx und eroberten den berühmten Aphrodite-Astarte-Tempel.

Damit hatten die Römer eine neue Venus, die Venus von Eryx.

Sechsundzwanzig Jahre später bauten die Römer auf dem Kapitol, der sich zum mächtigen Tempelhügel des Jupiter und zur Festung entwickeln sollte, einen Tempel dieser Venus Erycina, einen Tempel für eine sizilianische Gottheit also. Es fehlten ihr in Rom allerdings die Tempeldirnen, die den hohen Würdenträgern und anderen Besuchern, die einst aus Rom nach Eryx gekommen waren, so viel Freude bereitet hatten.

Die Mutter-Sohn-Beziehung zwischen Aphrodite und Aeneas erhob Venus in die Gesellschaft der römischen Götter. Vergil unterstützt diesen Aufstieg. In seiner *Aeneis*, die er gegen Ende des ersten Jahrhunderts v. Chr. schrieb, läßt er seinen Helden vom Berge Eryx nach Cumae reisen. Dort befragt Aeneas die Sibylle. Mit dem Goldenen

*Venus umsorgt die Wunden des Aeneas. Gemälde von Giovanni Francesco Romanelli, 1646-1647.*

*Aphrodite wird Venus*

Bogen als Ausweis steigt er in die dunkle Unterwelt hinab, um seinen Vater Anchises noch einmal zu sehen und sich von ihm die Zukunft sagen zu lassen. Er erfährt von seiner Bestimmung in der römischen Geschichte und begibt sich nach Latium und zu der Stätte, an der Rom entstehen soll. Augustus, Nachfahre von Anchises und Venus, wird einige Generationen später an dieser Stelle der erste Kaiser von Rom. Da Augustus der Mäzen Vergils war, hatte Vergil allen Grund, mittels der *Aeneis* eine göttliche Herkunft des Augustus nachzuweisen. Vergil glaubte an die Bestimmung

des Augustus, den Frieden auf Erden zu festigen und ein neues Goldenes Zeitalter herbeizuführen.

Zu solcher Propaganda für den Kaiser paßten natürlich die Venus von Eryx und ihre heiligen Dirnen nicht recht. Die offizielle Venus des kaiserlichen Rom blieb daher die respektablere *Venus Genetrix*, die Mutter von Rom, die göttliche Ahnherrin der kaiserlichen Linie. Für die meisten Römer und ihren Alltag war und blieb Venus allerdings die griechische Epiphanie des Wassers, die Göttin der Begierde und des Liebesaktes und was man ihr sonst noch zuschrieb – die junge nackte Göttin. So sah man sie im gesamten römischen Kaiserreich, in den neuen Provinzen des Westens und Nordens ebenso wie in den griechischen oder hellenisierten Provinzen des Südens und Osten.

## Das Weiterleben der Göttin

Konstantin der Große befahl einen Bildersturm, um die alte Religion auszurotten. Die Priester mußten ihre Götter aus der Dunkelheit der Tempel ans Tageslicht bringen. Das Volk johlte dazu, und Konstantins Männer rissen den Statuen ihren Schmuck ab »und legten vor aller Augen die nackte Realität frei, die sich hinter dem malerischen Äußeren versteckt hatte«.

Diese nackte Realität ist das, was wir heute in den Museen erblicken und schätzen: verstümmelte Torsi aus blankem Marmor. Viele der Standbilder wurden beschädigt,

*Vulkan präsentiert Venus die Waffen für Aeneas. Gemälde von François Boucher, 1757.*

als man sie an Seilen von ihren Sockeln und aus ihren Tempeln zerrte. Man stelle sich vor, wie eine vollendet schöne Aphrodite herumgestoßen und über den Fußboden geschleift wurde und dabei Arme, Kopf, Füße, Delphin oder Wasserkrug verlor, so daß nur der Leib übrigblieb, den man ins Meer warf, ins Fundament eines neuen Bauwerks einbrachte (einer christlichen Basilika vielleicht) oder in einem Kalkofen zu Mörtel verbrannte.

Tatsache ist jedoch, daß Aphrodite – oder Venus (da ihr schöner griechischer Name sich in der westlichen Welt nicht durchsetzen konnte, nicht einmal, als geflohene Gelehrte aus Byzanz das Studium des Griechentums neu belebten) – einen zu bedeutenden Part unserer Natur verkörperte, um für immer unterzugehen. Gewiß, ihren Kult

gibt es nicht mehr. Was von Venus blieb, waren Funken ihrer strahlenden Erscheinung. Wenn sie in den Augen der Christenväter ein Dämon war, eine Anstifterin zum Geschlechtsverkehr, und in der Gesellschaft der olympischen Dämonen die Schamloseste, so konnte man sie als Stern, der Liebe doch nicht vom mittelalterlichen Himmel herunterholen. Sie war mehr als eine Metapher in der Dichtersprache Europas.

Der Kirche kam es gelegen, anhand der nackten Venus Moral zu predigen. Sie stellte die Luxuria, die Verkörperung von Wollust und Wohlleben als Gegensatz zu keuscher Bescheidenheit dar. Es wurde ihr die Rolle der »Großen Hure Babylon, der Mutter der Dirnen und Scheusale auf Erden« zugeteilt. Als Meerjungfrau mit dem Spiegel wurde sie zur Gefahr für Schiffer und Seefahrer erklärt; auf Tausenden von Wandgemälden wurde sie als Versuchung für den Hl. Christophorus dargestellt, der das Jesuskind trägt.

Ihr treuer Jünger jedoch, der römische Dichter Ovid, wurde niemals vergessen oder verleugnet. Ovids Gedichte wurden während des gesamten Mittelalters gelesen.

Im fünfzehnten und sechzehnten Jahrhundert – der Zeit Botticellis und des Lorenzo de' Medici in Florenz, der Dichter Poliziano und du Bellay und Ronsard in Frankreich und Spenser und Shakespeare in England – veränderten das steigende Bildungsniveau und die neuerwachte Freude an der Antike die Nacktheit der Venus. Ihre zuweilen frostig-bleiche Blöße, die als Symbol der bösen Lust galt, wurde wieder die begreifbare, anmutige und verschwenderische Nacktheit der Lebensfülle, begleitet – was in einer christianisierten Welt kaum überrascht – von philosophischen, spirituellen und allegorisierenden Rechtfertigungen.

So setzten sich, wenn man alle Aktdarstellungen in der Kunst als Nachfolge und Erweiterung der Aphrodite-Gestalt ansehen will, die Doppelzüngigkeiten, Zweifel, Heucheleien

*Venus und Adonis. Gemälde von Johann Liss, um 1625.*

und Rückfälle fort, aber es gab auch jene Fortschritte, die uns letztlich die Freiheit eines natürlichen Verhältnisses zur Kunst bescherten.

Welche subtilen Spitzfindigkeiten Botticelli auch bewogen haben mögen, beeinflußt von den hitzköpfigen Neuplatonikern im Florenz des fünfzehnten Jahrhunderts (insbesondere von Poliziano, dem Humanisten und Dichter des Frühlings) – er stellt in seiner *Geburt der Venus* einen lebendigen Körper dar, das Gegenstück des göttlich beseelten Mädchens, das Poliziano aus Hesiod und der zweiten, fragmentarischen *Homerischen Hymne* an Aphrodite wiedererstehen ließ. In der kunstvollen Form von Stanzen läßt Poliziano wie Botticelli Aphrodite in einer Szenerie aus Bewegung, Farbe, Blumen und Musik ihre Geburt noch einmal vollziehen:

*Die Geburt der Venus. Gemälde von William Stott, 1887.*

*Geboren aus Akten der Lieblichkeit und Freude*
*ein Mädchen mit überirdisch reinen Zügen*
*ward sanft von Zephyren ans Ufer gedrängt,*
*und das Meer schlug Wellen der Freude.*

*Venus und Mars. Detail. Gemälde von Nicolas Poussin, um 1630.*

Vergeistigte, himmlische Liebe, menschliche und sinnenhafte Liebe, sie alle sind in der lebendigen Nacktheit von Botticellis göttlichem Mädchen vereint, das ans Ufer getrieben wird von Zephyr, der von Floras Armen umfangen wird. Und es sind »echte« Rosen des Frühlings, die zwischen ihr und Zephyr zur Erde taumeln. Eine vielschichtige Idee umschließt das schlichte Objekt, das sie hervorrief und symbolisierte. Doch wir haben uns jahrhundertelang zufriedengegeben mit dem vordergründigen Inhalt des Bildes. Weil wir selbst Gefangene der Liebe waren, haben wir nur den sehr irdischen Gefühlsüberschwang der Liebe und der Jugend gesehen – Vollendung, Vergänglichkeit, Pathos. Aphrodite in der Zeit ihrer Blumen, das war Übergang und Erneuerung. Es ist Mai, alles erwacht zu neuem Leben:

*Ich fand mich, Mädchen, eines schönen Morgens*
*Mitten im Mai in einem grünen Garten.*
*Rings um mich wuchsen Lilien und Veilchen,*
*Das Gras war süß und grün.*

Das stammt aus einer der Balladen von Poliziano. Die Zeit, die Rose zu pflücken und sie in Girlanden zu winden, kommt, wenn sie ihre Knospe öffnet, wenn sie am süßesten und begehrenswertesten ist:

*Bevor ihre Süße vergeht,*
*o Mädchen, wenn sie voll in Blüte steht,*
*pflücke im Garten die süße Rose.*

Alles das ist aus der Antike in die Neuzeit gesickert. Das nackte Abbild von Venus, von Aphrodite, die in diesem römischen Namen wohnt, lebte fort in Gemälden, Bronzen und Versen. Vom fünfzehnten Jahrhundert an wird sie mit einem künstlerischen Ausdrucksvermögen dargestellt, das vermutlich das Können der antiken Meister noch übertraf, für die Aphrodite noch als reale Göttin existierte, die als Gegengabe für ihre Wohltaten und Gnade eine Darstellung verlangte. Jedenfalls brachten die Künstler neue Formen in die Gestalten und Situationen, die in der Antike zur Tradition geworden waren: Aphrodite, die an Land kommt; Aphrodite, die sich zum Bade entkleidet; Aphrodite, die von Paris den Schönheitspreis erhält; Aphrodite mit Mars; Aphrodite mit Adonis und so weiter.

*Ruhende Venus. Gemälde von Nicolas Poussin, um 1520.*

Zentrales Thema war stets der Körper oder der Körper in Beziehung zu anderen Körpern, naturgetreu und doch durch den Mythos immer leicht distanziert. So war es in der Dichtung wie in der Malerei. William Shakespeare sagt zum Beispiel über das Bad der Venus: »*She bathes in water, yet her fire must burn*«, oder er sinniert über Venus:

*Wer die Geliebte sieht in ihren Kissen,*
*Nackt, weißer schimmernd als des Lagers Leinen ...*

Ein Kunsthistoriker beklagt, daß die nackten Venusgestalten Tizians, wie seine Venus von Urbino, die ihre roten Rosen fallen läßt, nur besonders schöne venezianische Dirnen gewesen seien. Sie seien für Fürsten gemalt, die es sich leisten konnten, die Reize dieser Frauen für sich im Bild zu verewigen. Nun, warum nicht? Und warum »nur«? Wer stand denn Modell für Apelles und seine *Aphrodite Anadyomene* und für Praxiteles und seine *Aphrodite für Knidos*? Dirnen! Und Tizian, der große Verehrer der Weiblichkeit, malte daneben auch seine eigene *Geburt der Venus*, seine eigene *Anbetung der Venus*, seine eigene *Venus mit Adonis*. Wohlausgestattet mit der neuen Kenntnis vom klassischen Altertum, wußte er sehr wohl, daß Venus umfassend und vereinigend ist und keine Unterschiede macht.

So geht es weiter, mit Cranach, Velazquez, Watteau, Boucher, Tiepolo, Goya, Ingres, Corot, Beardsley, Renoir (wie Tizian ein langlebiger Verehrer des Fleisches), Modigliani, Matisse. Manche der Künstler malten Venus selbst. Manche malten Akte, die man dennoch der Tradition der Göttin und den zauberhaften, erregenden Eigenschaften, die sie repräsentierte, zuschreiben muß. Sie stellen ihre ebenso kunstvolle wie begehrenswerte Schönheit dar.

*Aphrodite wird Venus*

227

*Venus. Radierung von James Abbott McNeill Whistler, 1859.*

# Bildnachweis

*Seite 7:* Imagno/Austrian Archives. *Seite 9:* Imagno/Austrian Archives. *Seite 11:* Corbis. *Seite 14:* Renaissance Books. *Seite 17:* Meridian Fine Arts Publishing. *Seite 18:* Meridian Fine Arts Publishing. *Seite 20:* Renaissance Books. *Seite 21:* Renaissance Books. *Seite 22:* Meridian Fine Arts Publishing. *Seite 23:* Imagno/Austrian Archives. *Seite 24:* Corbis. *Seite 26:* Corbis. *Seite 28:* Renaissance Books. *Seite 29:* Corbis. *Seite 31:* Imagno/Austrian Archives. *Seite 32:* Imagno/Austrian Archives. *Seite 33:* Renaissance Books. *Seite 35:* Imagno/Austrian Archives. *Seite 37:* iStock. *Seite 39:* Jeremy Folsey/iStock. *Seite 43:* Corbis. *Seite 45:* iStock. *Seite 47:* Nicole Thonon/iStock. *Seite 49:* Corbis. *Seite 51:* Gautier Willaume/iStock. *Seite 54:* Corbis. *Seite 56:* Meridian Fine Arts Publishing. *Seite 57:* Meridian Fine Arts Publishing. *Seite 58:* Imagno/Austrian Archives. *Seite 60:* Imagno/Austrian Archives. *Seite 61:* iStock. *Seite 62:* Meridian Fine Arts Publishing. *Seite 63:* Imagno/Austrian Archives. *Seite 64:* Meridian Fine Arts Publishing. *Seite 65:* Meridian Fine Arts Publishing. *Seite 66:* iStock. *Seite 67:* Imagno/Austrian Archives. *Seite 70:* Meridian Fine Arts Publishing. *Seite 71:* Meridian Fine Arts Publishing. *Seite 72:* iStock. *Seite 73:* Ranplett/iStock. *Seite 74:* Hans Laubel/iStock. *Seite 75:* Meridian Fine Arts Publishing. *Seite 77:* Corbis. *Seite 83:* Meridian Fine Arts Publishing. *Seite 84:* Meridian Fine Arts Publishing. *Seite 85:* Renaissance Books. *Seite 87:* Meridian Fine Arts Publishing. *Seite 88:* Meridian Fine Arts Publishing. *Seite 91:* Imagno/Austrian Archives. *Seite 92:* Imagno/Austrian Archives. *Seite 94:* Corbis. *Seite 95 oben und unten:* Corbis. *Seite 97:* Imagno/Austrian Archives. *Seite 100 oben:* Meridian Fine Arts Publishing. *Seite 100 unten:* Meridian Fine Arts Publishing. *Seite 101:* Meridian Fine Arts Publishing. *Seite 102:* Meridian Fine Arts Publishing. *Seite 104:* Meridian Fine Arts Publishing. *Seite 107:* Meridian Fine Arts Publishing. *Seite 110:* Imagno/Austrian Archives. *Seite 112:* Imagno/Austrian Archives. *Seite 114:* Meridian Fine Arts Publishing. *Seite 116:* Meridian Fine Arts Publishing. *Seite 117:* Meridian Fine Arts Publishing. *Seite 120:* Renaissance Books. *Seite 121:* Meridian Fine Arts Publishing. *Seite 123:* Imagno/Austrian Archives. *Seite 124:* Renaissance Books. *Seite 125:* Imagno/Austrian Archives. *Seite 127:* iStock. *Seite 128:* Meridian Fine Arts Publishing. *Seite 130:* iStock. *Seite 131:* Meridian Fine Arts Publishing. *Seite 134:* Meridian Fine Arts Publishing. *Seite 136:* Meridian Fine Arts Publishing. *Seite 137:* Corbis. *Seite 138:* iStock. *Seite 139:* Renaissance Books. *Seite 140:* Imagno/Austrian Archives. *Seite 142:* iStock. *Seite 143:* Aaron Halbrough/iStock. *Seite 145:* Meridian Fine Arts Publishing. *Seite 146:* Dreamstime. *Seite 149:* Serdar Yagci/iStock. *Seite 151:* Tina Lorien/iStock. *Seite 153:* Meridian Fine Arts Publishing. *Seite 155:* Imagno/Austrian Archives. *Seite 157:* Imagno/Austrian Archives. *Seite 159:* Corbis. *Seite 161:* Corbis. *Seite 162:* Corbis. *Seite 166:* Imagno/Austrian Archives. *Seite 167:* Corbis. *Seite 169:* Imagno/Austrian Archives. *Seite 171:* Corbis. *Seite 173:* Corbis. *Seite 175:* Imagno/Austrian Archives. *Seite 176:* Meridian Fine Arts Publishing. *Seite 177:* Renaissance Books. *Seite 179:* Jozsef Szasz-Fabian/iStock. *Seite 180:* Corbis. *Seite 183:* Corbis. *Seite 184:* Corbis. *Seite 186:* Corbis. *Seite 187:* Meridian Fine Arts Publishing. *Seite 189:* Johannes Norpoth/iStock. *Seite 191:* Imagno/Austrian Archives. *Seite 193:* iStock. *Seite 195:* iStock. *Seite 196:* iStock. *Seite 197:* iStock. *Seite 199:* iStock. *Seite 200:* iStock. *Seite 201:* iStock. *Seite 203:* Meridian Fine Arts Publishing. *Seite 204:* iStock. *Seite 205:* Dreamstime. *Seite 207:* iStock. *Seite 209:* iStock. *Seite 210:* iStock. *Seite 212:* Digitalstock. *Seite 215:* Meridian Fine Arts Publishing. *Seite 217:* Imagno/Austrian Archives. *Seite 219:* Imagno/Austrian Archives. *Seite 220:* Meridian Fine Arts Publishing. *Seite 222:* Meridian Fine Arts Publishing. *Seite 223:* Meridian Fine Arts Publishing. *Seite 224:* Imagno/Austrian Archives. *Seite 227:* Meridian Fine Arts Publishing.

Die Originalausgabe erschien 1976 unter dem Titel „The Goddess of Love"
bei Constable and Company Limited, London.
Die hier publizierte deutsche Fassung wurde leicht gekürzt und
durchgehend neu mit Abbildungen illustriert.

ISBN 978-3-85179-029-0

Alle Rechte vorbehalten
© 2008 by David Higham Inc., London
© der deutschsprachigen Ausgabe:
Thiele Verlag
in der Thiele & Brandstätter Verlag GmbH,
München und Wien, 2008
Illustration und Bildredaktion: Renaissance Books, München
Übersetzung: Eva Korhammer
Umschlaggestaltung: Stefan Hilden, München
Umschlagbild: Alexandre Cabanel: Venus (Detail, 1865). Imagno/Austrian Archives, Wien
Satz: Christine Paxmann, München
Druck und Bindung: Grasl Druck & Neue Medien, Bad Vöslau

www.thiele-verlag.com